Ilustrado por: JUAN GONZÁLEZ XARRIÉ
Maquetado por: JOSE LUIS RODRÍGUEZ

Campezo, s/n - 28022 Madrid (España)
Tlf. 747 21 11 - Fax 747 92 95
D.L. M-24277-1993 - I.S.B.N. 84-305-7556-1
Printed in Spain

RÉCORDS Y CURIOSIDADES DE LOS ANIMALES

susaeta
ediciones s.a.

RÉCORDS Y CURIOSIDADES DE LOS ANIMALES

CADA UNO EN SU RINCÓN

CADA animal tiene su forma propia de marcar su territorio, utilizando para ello señales visuales, sonoras u olorosas.

Algunas serpientes frotan entre sí las escamas. También agitan la cola, terminada en escamas que se entrechocan, produciendo un sonido parecido al de los cascabeles. Las cigüeñas hacen chasquear el pico. La perdiz hace gorgoritos. La alondra lanza trinos y el ruiseñor, notas musicales. Son maneras muy claras de advertir a los intrusos de que no franqueen los límites de su territorio. De lo contrario, ¡cuidado con los picotazos!

En caso de peligro, algunos animales repliegan o erizan sus plumas, pelos u orejas, al tiempo que hinchan el cuerpo.

Para delimitar su territorio, los mamíferos utilizan marcas odoríferas. El tejón posee, en la base de la cola, una glándula olorosa que utiliza apoyando su parte posterior contra troncos, raíces, piedras o sobre el mismo suelo. El perro orina en algunos de los lugares por los que pasa. El oso pardo arranca la corteza de los árboles con las garras y orina en el suelo. Por último, se revuelca en su propia orina y se frota contra la madera pelada. ¡Puf!

EL ASEO DE LOS ANIMALES

COMO el hombre, los animales también se lavan. Cuestión de higiene.

Los patos se bañan varias veces al día en el estanque donde habitan. Después se pasan el pico por las plumas para secarse. El arrendajo común, al igual que otras aves, captura hormigas y las tritura con el pico para extraer un ácido con el que unta su plumaje.

A las pequeñas aves cantoras les gusta bañarse en las charcas, fuentes y lagos poco profundos.

Para limpiarse, los mamíferos tienen la costumbre de frotar su cuerpo contra un objeto duro. Los ciervos utilizan los árboles para cuidar su pelaje. Con energía, se frotan contra la corteza y, de esta forma, sueltan los pelos muertos.

Si das un paseo por el bosque, observa bien los árboles, quizá descubras pelos de ciervo. También adoran revolcarse en las charcas fangosas y, para quitarse el barro, vuelven a frotarse contra la corteza de los árboles.

A CADA UNO, SU TERRITORIO

CADA animal posee un territorio bien delimitado, acorde con sus necesidades, tanto de alimentación como de libertad de movimientos, y su tamaño.

Los ratones y otros pequeños roedores se conforman con unos metros cuadrados. El gobio vive feliz en una pequeña charca y el ratón de campo también soporta las estrecheces, ya que apenas abandona su hogar si no es para abastecerse de alimento en las proximidades. La musaraña, en cambio, necesita unos cientos de metros cuadrados y el ánsar de Guinea precisa 100 hectáreas. El territorio del corzo tiene una superficie de 10 hectáreas, frente a las 25 del ciervo. El del oso pardo oscila entre 1.000 y 3.000 hectáreas. El tigre de Siberia bate todos los récords, con 10.000 hectáreas. En cualquier caso, el territorio de un macho joven o de una hembra siempre es más pequeño que el de un macho adulto.

XARRIE·91

HAMBRE FELINA

CUANDO los leones atacan, cunde el pánico entre el resto de los animales de la sabana. Los ñúes, su presa favorita, salen huyendo en todas direcciones.

Las leonas, de menor tamaño y sin melena, cazan en grupo. Cada grupo posee una leona, que se encarga de dar caza y acabar con las presas. Las demás sólo están allí para repeler un posible ataque.

Desgraciadamente, los leones comen carne humana. En Kenia, durante la construcción de la vía férrea entre las ciudades de Nairobi y Mombasa, tres machos devoraron a ciento treinta personas. En 1924, en Uganda, ochenta y cuatro personas fueron comidas vivas por unos leones hambrientos. Un león que haya comido alguna vez carne humana suele volver a hacerlo.

El león caza principalmente antílopes y cebras, si bien en ocasiones ataca también a jirafas y búfalos debilitados o heridos. Sin embargo, nunca intenta cazar elefantes, hipopótamos o rinocerontes. Cazan en silencio, y las hembras suelen hacer la mayor parte del trabajo. Se ponen al acecho, cerca de una zona con agua, y cuando un rebaño se acerca a beber, se abalanzan sobre él sin previo aviso.

TIGRES QUE SE ALIMENTAN DE PERSONAS

EN general, la constitución de los tigres es muy similar a la de los leones, aunque algunas razas, como el tigre siberiano, son mucho más grandes.

Los tigres suelen vivir y cazar solos, no reuniéndose sino para aparearse y seguir después cada uno su propio camino. Recientes investigaciones han desvelado que se encuentran unos con otros más a menudo de lo que se pensaba, pero suele ser en los límites del territorio establecido para cada animal

Generalmente, sólo los tigres demasiado viejos o enfermos atacan al hombre. Sin embargo, y desde hace algunos años, en la India se han dado casos de tigres que gozaban de buena salud y que han matado a un centenar de personas. Si han llegado a este extremo es porque la caza escasea en su territorio. Al pie del Himalaya, en la frontera con Nepal, los campesinos están aterrorizados. ¡No es para menos!

LA PANTERA

CUANDO mamá pantera sale a cazar, esconde antes a sus pequeños. Nunca los deja solos más de 24 horas, y cada tres o cuatro días los cambia de escondite transportándolos en la boca.

Excelente trepadora, a la pantera le encanta echarse la siesta en lo alto de un árbol. Cuando el león o la hiena le disputan una presa, prefiere huir. ¿Acaso teme a los animales tan fieros como ella? No exactamente. En realidad, teme resultar herida, lo que le impediría cazar.

En ocasiones, se alimenta de personas, siendo aún más peligrosa que el tigre. En Raudrapanag, en la India, una pantera había devorado a 125 personas cuando en 1926 consiguieron darle caza.

Después de haber dado caza a su presa, la pantera le extrae las entrañas y las oculta bajo sus propios excrementos. Si es de noche, sube el cadáver a un árbol para protegerlo de buitres, hienas y leones. Cuando tiene hambre, lo baja a tierra y se da un buen festín junto a sus pequeños.

LOS ÚLTIMOS BISONTES

A principios del siglo XX había varios millones, pero en la actualidad sólo quedan 15.000, diseminados por el territorio de los Estados Unidos y protegidos por el Gobierno americano. Las películas del oeste han popularizado a estos animales. En este siglo, y con el fin de acabar con las reservas de carne de las tribus indias, los *cow-boys* cazaron rebaños enteros de bisontes. Bill Cody, un joven explorador que sería conocido más tarde como Buffalo Bill, fue el más célebre de estos cazadores. En sólo dieciocho meses abatió, él solo, 4.280 bisontes.

LOS SALTOS DEL SERVAL

El serval es uno de los felinos más rápidos. Puede efectuar saltos de más de dos metros de altura para capturar un pájaro en pleno vuelo.

Ampliamente extendido por África, de cuerpo esbelto y pelaje moteado, posee un tronco ágil y largas patas. Es amigo de los lugares en que crece densa la vegetación, donde se oculta entre las hierbas secas. Durante el día, duerme. Por la noche, caza ayudado de su fino oído y aguda vista. Sus presas favoritas son el pavo, el faisán, e incluso puede asaltar un gallinero o atacar a pequeños antílopes.

LOS GUEPARDOS DEL KILIMANJARO

UN lugar ideal para los guepardos es la reserva de Amboseli, al pie del Kilimanjaro, en Kenia. Allí viven en libertad, en la inmensa llanura desecada por el sol, en medio de las tribus masai, las cuales habitan chozas hechas de barro, alimentándose, casi exclusivamente, de sangre de buey, leche y carne a medio cocer.

El guepardo no es un animal temerario. A la primera señal de peligro abandona su presa y prefiere renunciar al festín antes que correr cualquier riesgo. Cazador poco hábil, sólo ataca animales de tamaño medio, como gacelas, antílopes, roedores y aves. En cambio, es paradójico que sea el animal terrestre más rápido, pues alcanza velocidades de 110 km/h en distancias cortas, no superiores a 500 metros. Si la presa consigue escapar, el guepardo se halla demasiado cansado para reanudar su persecución. Una carrera de 200 metros basta para dejarlo sin aliento. Para «recuperarse», suele permanecer una hora tendido cerca de la pieza que acaba de cobrar.

Por tanto, no es raro que el guepardo muera de inanición. La hiena es su enemigo número uno; le roba su alimento y devora a sus bebés. Los dientes pequeños y las uñas no retráctiles impiden al guepardo ser un animal feroz.

MAMÁ ANTÍLOPE DA A LUZ MIENTRAS CAMINA

El antílope es una especie de gacela de gran tamaño que puede ejecutar saltos de hasta cuatro metros de altura. Una maravilla de la naturaleza que alcanza velocidades máximas de 90 km por hora.

Pero eso no es todo: el mechón de pelos blancos que posee en las ancas le permite alertar a la manada en caso de peligro. Cuando el enemigo está cerca, los pelos se despliegan, haciéndose más ostensibles, y la manada huye espantada.

Sin duda, lo más extraordinario es el nacimiento del bebé antílope, ya que la madre da a luz al tiempo que camina en busca de alimento. Su embarazo dura seis meses.

EL ESTORNUDO DEL ANTÍLOPE

En las praderas herbáceas del este de África, generalmente en lugares próximos a los cursos de agua, viven los duikers, que forman un gran grupo de unas diecisiete especies de pequeños antílopes. Este pequeño animal produce en caso de peligro un agudo silbido o estornuda ruidosamente al tiempo que salta sobre su sitio, con las patas rectas y tensas. Su altura en la cruz oscila entre los cincuenta y los sesenta y cinco centímetros, y su peso entre 9 y 20 kilos. Normalmente vive en pareja o en pequeños grupos familiares.

En las horas más calurosas del día se aísla entre las altas hierbas o los matorrales. El resto del tiempo lo pasa en la llanura, pastando durante horas y horas.

Generalmente, los dos sexos tienen una coloración similar, que va del tostado al azul grisáceo, con cuernos rectos y muy juntos, aunque en los machos son más largos, de hasta 15 centímetros de longitud. Poseen unas glándulas faciales muy pronunciadas y los animales frotan con su secreción ramas y ramitas, para marcar el territorio con su propio olor.

Estos antílopes ramonean la vegetación, a menudo enderezándose sobre sus patas traseras para alcanzar las ramitas y las bayas de que se alimentan, aunque, en ocasiones, también comen insectos y caracoles.

SON unos animales impresionantes en cuanto aspecto y tamaño. El gorila de las montañas de Uganda, Zaire y Ruanda mide 1,75 metros y pesa 195 kilos.

La edad media de un primate, en estado salvaje, es de cincuenta años.

En el zoo de San Diego, en California, un gorila alcanzó la edad de 18 años. Al morir, pesaba 288 kilos, frente a los 310 que ostentaba cuando gozaba de buena salud. En el zoo de Kobé, en Japón, vive hoy un gorila de 285 kilos.

El mono más pequeño del que se tiene noticia es el tití enano, cuyo cuerpo mide cerca de 15 centímetros. Se encuentra en Colombia, y algunos indígenas acostumbran a llevarlo sobre la cabeza para que se la limpie de parásitos. También se cita el caso de un babuino que hacía las veces de pastor, cuidando un rebaño de cabras en una granja de Namibia.

Se aconseja a todo aquel que se pierda en la selva ecuatorial del Amazonas que siga a un mono y coma lo mismo que él. En último término, y a falta de otra cosa, siempre podemos comernos el mono. (Es un chiste que cuentan en algunas zonas de Brasil.)

EL HAMANDRÍAS

ANIMAL venerado en el antiguo Egipto. Su figura se encuentra en monumentos, objetos de arte y momias.

El hamandrías, o papión sagrado, es un mono de gran tamaño que se desplaza a cuatro patas, como un perro. Contrariamente a muchos otros monos, no puede colgarse de los árboles, por lo que no frecuenta la selva. Vive en lugares escarpados y rocosos de África y Arabia, a altitudes de 3.000 y 4.000 metros. Se alimenta, sobre todo, de saltamontes, pero también asalta los cultivos.

Tiene el hocico alargado y una fuerte dentición: sus caninos son tan peligrosos como los de la pantera. Posee un feo trasero, formado por desagradables callosidades de un rojo escarlata. Si es joven, se domestica con bastante facilidad. Es muy inteligente. Se le ve con frecuencia en manos de domadores ambulantes.

Los hamandrías viven en comunidades de 200 a 300 individuos, regidas por los machos más viejos, y poseen un profundo sentido de la familia. Un macho puede tener varias hembras, pero si a alguna de ellas se le ocurre engañarlo, la matará sin piedad. Desde muy temprano, los pequeños se cuelgan con sus cuatro patas del vientre de la madre, quien los colma de atenciones. Pero cuando crecen, se montan a caballo sobre ellas, cual aguerridos jinetes. Si cometen alguna tontería, los padres no dudan en darles unos azotes.

EL MONO ARAÑA SE CUELGA DE LA COLA

EL mono araña es un curioso simio de gran tamaño, con una cola larga, robusta y prensil que le permite colgarse de un árbol, con la cabeza hacia abajo, durante largo tiempo. También utiliza la cola para recoger frutos y comérselos.

Limitado a América del Sur, el mono araña tiene un pequeño «defecto»: sólo posee cuatro dedos en cada mano, faltándole el pulgar. Esto no impide que con sus ocho dedos, extremadamente largos, sea un consumado trapecista. Manifiesta sus dotes acrobáticas en los saltos largos, de una rama a otra, superando distancias de 10 metros.

El mono araña hace honor a su nombre, ya que su forma de andar es semejante a la de un arácnido cuando se desplaza entre las ramas o por el suelo.

No le gusta estar solo en cautividad, por lo que entabla amistad con otros animales, sobre todo perros y gatos.

Hay una especie de monito que es utilizado en experimentos relacionados con el comportamiento. En él se estudian los resultados de la privación de la madre. Separado de ella, se le ofrecen dos sustitutos: uno de ellos es cálido, blando y confortable, mientras que el otro es frío y hecho de alambre, pero le proporciona alimento. Se puede comprobar que el pequeño se dirige primero al muñeco vestido y sólo después, cuando se siente seguro, acude al otro en busca de alimento.

MONOS ENFERMEROS

EL mono posee cierto grado de inteligencia. Hace unos diez años, Mary J. Villard, una psicóloga americana, utilizó a algunos de ellos para ayudar a disminuidos físicos. Durante un tiempo estuvo entrenando a monos capuchinos para efectuar los movimientos necesarios en la vida cotidiana de personas incapacitadas. Estos inteligentes animales, de cara minúscula con ojos muy vivos, que viven en Colombia, aprendieron rápidamente la lección, convirtiéndose en aprendices de enfermeros y realizando las tareas más diversas: encender y apagar las luces, lavar los platos, pasar las páginas de un libro, descolgar el teléfono, etcétera.

LA HIGIENE DEL MACACO

EL macaco japonés es muy ingenioso y capaz de adaptarse a muchas situaciones novedosas. Uno de sus alimentos preferidos es la patata dulce o batata. Contrariamente a muchos animales, que se la comerían sucia y sin lavar, el macaco la frota con agua quitándole la tierra y la arena con las manos. Un curioso ejemplo de limpieza.

Actualmente, los macacos son muy utilizados en experimentos; de ellos, el macaco *rhesus* es el más conocido, pues se le utiliza en la investigación médica y la exploración espacial.

LA FUERZA DEL MANDRIL

Con su hocico y sus coloreadas posaderas, este mono presenta un aspecto cómico, y sin embargo, no tiene buena reputación. Siembra el terror en la selva africana, y es capaz de devorar a un pequeño antílope. Dentro del grupo, los jefes se comportan con gran tiranía. Cuando se enfurecen, los machos erizan el pelo y muestran los colmillos. El primer bocado le corresponde al jefe del grupo, que suele ser un macho viejo.

Su fuerza es también legendaria –equivale a la de cuatro hombres fornidos– y suele atacar a indígenas y exploradores.

EL CHIMPANCÉ, CAZADOR DE INSECTOS

EL mono es un animal dotado de cierto grado de inteligencia. El chimpancé, por ejemplo, emplea más de sesenta tipos de gritos para expresar sus sentimientos o sus intenciones.

Los monos que viven en libertad se comunican por gestos, expresiones faciales y posturas. Cuando se dispone a atacar, el chimpancé aprieta los labios y frunce las cejas. Cuando juega, en cambio, levanta el labio superior para mostrar los dientes de arriba.

Aunque sabe trepar a los árboles y suele dormir en un nido rudimentario que construye con ramas entrelazadas y hojas, pasa la mayor parte de su vida en la tierra.

El chimpancé está dotado de un gran sentido práctico. Para atrapar insectos, introduce un palo en la termitera. Abre las nueces con piedras y utiliza hojas para realizar su aseo. También mastica hojas, haciendo con ellas una masa esponjosa que absorberá después el agua de la lluvia.

Son animales inteligentes, y las investigaciones realizadas sobre su comportamiento en libertad y en cautividad han mostrado que pueden resolver problemas siguiendo un razonamiento lógico.

LA MOFETA DESPRENDE MAL OLOR

LA mofeta común (también llamada «skunk estriado») es originaria del Nuevo Mundo. Se encuentra desde la bahía de Hudson, al norte de Canadá, hasta Guatemala, en América Central. Huye tanto de los humanos como de los animales: incluso si se consigue domesticarla, defiende su independencia de una forma muy peculiar. Para alejar a sus enemigos, hace uso de dos glándulas situadas en la base de la cola, las cuales segregan un líquido hediondo.

Lentamente, dirige su parte posterior hacia el intruso, levanta la cola y proyecta un chorro de esta sustancia, volátil y de olor nauseabundo. Si se trata de un perro, el «disparo» alcanza, la mayoría de las veces, los ojos, provocando entonces su huida a toda prisa, aullando y contorsionándose sobre la arena, intentando quitarse el repelente olor. Los efectos sobre el hombre no son más tranquilizadores, ya que éste experimenta náuseas. También sus ropas quedarán impregnadas de este repulsivo olor, y ni siquiera lavándolas se librará de él. Sin embargo, es curioso saber que este almizcle es utilizado en perfumería para fijar la esencia de las flores.

EL COBAYA TRAGÓN

SIEMPRE está comiendo este pequeño animal. Para el cobaya, conocido también como conejillo de Indias, todo es comestible. Es capaz de comer sin parar hasta ponerse enfermo. Sus platos favoritos son el trigo, la cebada, la avena, el girasol, el salvado, sin olvidar la fruta, la lechuga, las legumbres, el trébol y el pan duro. Todo ello, bien regado con agua fresca.

El cobaya es un pequeño y encantador animal de compañía, pero muy tímido. Cualquier cosa lo asusta. Sólo con mucha paciencia y cariño se obtiene su confianza. Después se paseará libremente por el apartamento o la casa. Hay que tener cuidado con los cables eléctricos, pues al roerlos podría electrocutarse. Lo mejor es prepararle una caja donde él haga su nido.

LA NUTRIA

LA nutria es un carnívoro acuático que se zambulle y nada como una auténtica campeona olímpica, capturando sin demasiado esfuerzo peces bastante rápidos. Después, saca a su presa a la superficie y la degusta sobre una piedra plana o sobre algún tronco que sobresale del agua.

La nutria vive en los hábitats de aguas dulces, como lagos, ríos, arroyos y estanques. Advierte la presencia de un hombre o un perro a varios centenares de pasos, por lo que es necesario armarse de paciencia para poder observarla. Muchas nutrias son de hábitos nocturnos. Para encontrarlas, lo mejor es seguir la pista de sus huellas y excrementos, así como de su olor ligeramente dulzón.

La especie de mayor tamaño es la nutria gigante de los ríos de América del Sur. Puede medir más de dos metros, pero es aparentemente mansa y a veces los aborígenes de las orillas del río Xingu, en Brasil, amaestran a las crías.

Se las reconoce también por la tierra extraída al excavar sus madrigueras subterráneas y por los restos de sus comidas. En el otoño, se dan grandes panzadas de arándanos. Cuando se agota la pesca, emprenden largos viajes a las altas montañas, según se ha podido comprobar por sus huellas en la nieve.

La carne de nutria es muy indigesta y poco apetitosa; su piel, en cambio, es muy apreciada para hacer manguitos, gorros y cuellos, por lo que el hombre se ha convertido en uno de sus principales enemigos. En el hocico presenta unos largos bigotes que pueden alcanzar hasta 25 centímetros de longitud.

La nutria marina es la única que vive en el mar. Su característica más notable es la capacidad de utilizar herramientas. Mientras flota de espaldas, coloca una piedra plana sobre su tórax. A continuación golpea sobre ella las almejas o erizos de mar, hasta que los rompe y puede apoderarse de la carne blanda que encierran.

FUERTE COMO UNA LLAMA

EN Perú, la llama es un animal doméstico que presta múltiples servicios a la población. No excede generalmente de un metro desde la cruz al suelo, y de 1,5 metros desde la cabeza al suelo; es capaz de llevar cargas de más de 50 kilos. Tiene una gran resistencia, puede realizar largos viajes por caminos realmente peligrosos, lindantes con precipicios.

Los incas se servían de ellas para transmitir mensajes a miles de kilómetros mediante un procedimiento que consistía en efectuar una serie de nudos de distinta complejidad en los largos pelos que cuelgan del vientre de este animal.

La llama es, además, un animal muy susceptible, que escupe en la cara si se le falta al respeto. Lanza una saliva que es casi cáustica y produce irritación en la piel.

Sólo dan tejidos bastos, al contrario de las alpacas y las vicuñas, que son muy apreciadas por su piel.

EL JABALÍ LO TIENE FÁCIL

EL jabalí es un animal omnívoro, es decir, que come de todo. En primavera y verano se alimenta, principalmente, de frutos, setas y plantas. En otoño su dieta está constituida por bellotas, castañas y hayucos. Y también le gustan los insectos, los caracoles, los huevos y la carroña.

Los machos superan en peso a las hembras, y llaman la atención sobre todo los colmillos, conocidos como navajas, que con la edad sobresalen cada vez más. Constituyen un arma peligrosa, porque sus cantos son afilados, formando como una tijera que cierra con gran potencia.

El castor es un infatigable constructor. Para construir sus casas es capaz de abatir árboles de 40 centímetros de diámetro. ¡Un trabajo titánico! Y todo ello sin ayuda de sierra. Sólo para arrancar 1 kilo de madera, acciona mil veces sus mandíbulas.

EL CASTOR, CONSTRUCTOR Y LEÑADOR

EL castor europeo es el roedor más grande de Europa. Desde la nariz hasta la cola mide cerca de un metro y se diferencia los demás roedores por tener una cola plana casi desprovista de pelo.

Es uno de los animales más inteligentes del reino animal, y destaca por la solidez de sus construcciones. Vive en unidades familiares de hasta unos 12 individuos. Suele elegir un lugar cercano a un bosquecillo de álamos temblones o de sauces, que le proporcionan su alimento favorito y su material de construcción preferido.

Es un arquitecto nato, que trabaja siempre de noche, integrado en un grupo bien organizado. Los castores son capaces de abatir árboles que tienen hasta 40 centímetros de diámetro, con los que construyen presas y edifican auténticas ciudades lacustres. No dejan nada al azar, tienen en cuenta todos los detalles. Con sus patas delanteras transportan las ramas hasta los troncos que obstruyen el río y las mezclan con piedras.

Protegidos por el dique así formado, construyen después bajo el agua sus confortables madrigueras, con dos habitaciones, un salón y un almacén para las provisiones.

ASTUTO COMO UNA LIEBRE

MUY desconfiada, la liebre duerme durante el día en su madriguera. Por la noche vuelve, redobla la vigilancia: no entra en seguida, sino que describe un círculo irregular alrededor de la vivienda. Después se va aproximando poco a poco, y por último, de un gran salto, alcanza la madriguera dando un último rodeo. Ésta es su técnica para despistar a los posibles enemigos.

Las largas orejas, los grandes ojos, el fino olfato y las largas patas caracterizan a la liebre como un animal de huida. Cuando se la molesta, se agazapa en alguna depresión, con las orejas plegadas. Mientras pace, se mueve muy lentamente, manteniéndose apretada contra el suelo. Las liebres son solitarias. Sólo durante la época de celo se las ve en parejas o en pequeños grupos.

El ratón de campo adora la remolacha, al igual que la liebre, pero mientras que el primero roe la jugosa raíz por debajo, la segunda lo hace por el exterior. Algunos años, estos animales ocasionan destrozos considerables.

Existe una especie, la infame rata negra, que come cualquier cosa que encuentra y destruye mucho más de lo que come. Procede de Asia Menor y llegó a Europa con las Cruzadas, y dejándose llevar por los barcos ha alcanzado todos los rincones del mundo. Almacena y transmite enfermedades como la peste negra, el tifus y la rabia.

LA HABILIDAD DE LA RATA

LA rata es un animal tremendamente goloso que, para apoderarse de sus viandas preferidas, despliega toda su imaginación. En caso de que la comida se encuentre situada sobre un estante, no duda en practicar la escalada. Pero su gran debilidad es el aceite. Si la botella que lo contiene es de cristal, roe el tapón, introduce su cola y después la deja gotear en la boca de sus compañeras.

La rata ataca también las tuberías y roe la envoltura de plástico de los cables, siendo responsable del 50% de los incendios ocasionados por corto-circuitos.

Con sus 16.000 púas, el erizo se hace respetar. Cuando se siente amenazado, hace una bola con su cuerpo, estrategia que, pese a ser bastante eficaz, no impide que aves rapaces, búhos y tejones acaben descubriéndolo.

EL FESTÍN DEL ERIZO

AL caer la noche, el erizo sale de caza. Se le oye soplar, resoplar y gruñir mientras se desliza bajo la maleza. Sus platos preferidos son las lombrices, gusanos, limacos y caracoles. También le gustan las ranas, los huevos, crías de ave, frutas y reptiles entumecidos por el frío. Es un pequeño tragón, cuya ración diaria es de 200 gramos de comida.

Durante el invierno deja de comer, y de octubre a abril hiberna en solitario.

Su verdadero enemigo es el automóvil; es frecuente encontrarlos aplastados sobre la calzada debido a que son ciegos de nacimiento.

Muchas personas se asombran de los gruñidos que emiten los erizos por la noche, mientras andan en busca de alimento. Como no temen a los depredadores, pueden desplazarse de una manera tan ruidosa y osada, e incluso cuando duermen roncan con toda su fuerza.

EL LEMUR, UN ACRÓBATA

EL lemur es un sorprendente animal que vive, en agrupaciones de numerosos individuos, en los bosques de Madagascar. Bien dotado para la acrobacia, se desplaza por el suelo con pasitos cortos y rápidos.

Algunos utilizan su olor para defenderse de sus enemigos. Después de haber frotado su larga cola, blanca y negra formando anillos, contra las glándulas odoríferas situadas en los antebrazos, el lemur la lanza a modo de látigo contra el rostro del intruso. En ocasiones, se baten entre ellos mismos, resultando vencedor aquel que resista al mal olor del otro.

Dominan las hembras; los demás van tras ellas en la manada. Si un lemur resulta herido, sus compañeros lo consuelan emitiendo gritos de desesperación. Incluso se ha llegado a decir que estando la muerte próxima, el lemur es capaz de llorar.

En Asia meridional existe una especie de lemur volador, que no vuela, sino que planea utilizando dos pliegues de piel que abarcan todas las extremidades y se juntan por debajo del cuello. Como ha perdido la capacidad de andar, cuando cae al suelo tiene que arrastrarse como los murciélagos hasta el árbol más próximo.

Durante el día, estos animales nocturnos duermen en agujeros, saliendo por la noche para alimentarse de hojas, retoños y frutas.

LUCHAS DE CAMELLOS

EN la actualidad existen dos especies de camélidos: el camello y el dromedario. El camello tiene dos jorobas y vive en los desiertos rocosos de Asia Central. En invierno esos desiertos se convierten en páramos nevados.

Existe una pequeña ciudad en la provincia de Anatolia, en Turquía, donde se organizan, cada año, combates de camellos. Estos camellos son el resultado del cruce entre un dromedario hembra y un camello.

En realidad, son animales pacíficos, pero se les adiestra para que aflore en ellos la agresividad. Y lo consiguen suministrándoles trigo, cebada, avena y forraje durante todo el verano. A medida que van aumentando de volumen, estos camellos se vuelven más agresivos, y desde diciembre hasta febrero sólo piensan en batirse.

Los combates están limitados a un cuarto de hora, y pierde aquel que abandona el campo, emite gritos de dolor o cae al suelo. Si transcurridos los quince minutos reglamentarios ninguno de los dos contendientes ha ganado, el combate es declarado nulo. La gente atraída por estos combates llega a venir desde lugares muy lejanos para apostar por su camello favorito.

LA RESISTENCIA DEL CAMELLO

GRACIAS a su resistencia, el camello ha merecido el sobrenombre de «barco del desierto». Durante mucho tiempo se pensó que podía permanecer varios días sin beber gracias al agua acumulada en sus jorobas. Después se habló de las reservas de agua acumuladas en el mismo sitio. En 1986, unos investigadores israelíes causaron sensación al afirmar que el secreto del camello reside en sus mucosas nasales, cuya superficie ofrece 1.000 cm^2, frente a los 10 del hombre.

Durante la respiración, estas mucosas humidifican el aire que penetra en la inhalación, reteniendo esta humedad al exhalar el aire. Así pueden conservar dos tercios de la humedad que, en el hombre, escapan a la atmósfera cuando las condiciones climáticas llevan a la deshidratación.

Los pies tienen dos dedos y la planta no está dividida, para evitar que el animal se hunda en las blandas arenas. Las fosas nasales pueden cerrarse por completo para evitar que penetre la arena y una doble fila de pestañas entrelazadas protege sus ojos del sol, la arena y el resplandor. La piel carece de glándulas sudoríparas, lo que contribuye a mantener la humedad corporal.

UN HIPOPÓTAMO QUE IMITA A DRÁCULA

HASTA hace poco tiempo vivía, en las proximidades del lago Manyara, en Tanzania, un enorme hipopótamo, provisto de un canino que sobresalía 50 centímetros de su boca. Llegado al estado adulto, se había convertido en el terror de la manada, pues su diente, que pesaba 6 kilos, era más mortífero que un machete. Los turistas lo habían bautizado con el sobrenombre de Drácula, en vista de su afición por la sangre. Este voluminoso «vampiro» gustaba de batirse en duelo con tres o cuatro machos para poder apropiarse así de todas las hembras.

Afortunadamente, el resto de los hipopótamos no se le parecen. Sin embargo, se sabe que la hembra, cuando cría, se vuelve muy agresiva.

Los hipopótamos son animales herbívoros (consumen diariamente 80 kilos) y detestan la carne. Durante la noche se alejan varios kilómetros de la orilla para conseguir provisiones. Como utilizan siempre los mismos recorridos, terminan por crear verdaderos senderos.

Un aspecto divertido de ellos es que utilizan la espalda de sus congéneres para reposar confortablemente su enorme cabeza.

LOS ELEFANTES

LOS elefantes viven agrupados en manadas. El pequeño elefante pesa, al nacer, unos 100 kilos y mide 1 metro. Su madre lo amamanta durante los dos primeros años, y no llega al estado adulto hasta los dieciocho años, siempre y cuando no tropiece con ningún cazador furtivo. A finales del siglo pasado y principios del XX se cazaban más de 50.000 elefantes al año. En la actualidad es un animal que se halla en vías de extinción.

En el parque de Samburu, en el norte de Kenia, existen entre 400 y 500 ejemplares en libertad. Cuando sus dientes están muy desgastados, el elefante viejo se retira a zonas pantanosas, en las que crecen hierbas acuáticas más tiernas, y allí acabará muriendo. Se dice que dispersan las osamentas de sus congéneres, rompiendo las defensas contra las rocas y recubriendo los cadáveres con ramaje.

EL RINOCERONTE DE UN CUERNO

EN el inmenso parque natural de Chitwan, en Nepal, viven 250 rinocerontes de un solo cuerno, al que deben su nombre específico de *Unicornis*. Esta especie es ahora bastante escasa y sólo quedan un millar de ejemplares en el mundo. Este rinoceronte asiático posee además una gruesa coraza de cuero.

Este enorme rinoceronte pesa hasta 2 toneladas y alcanza hasta 1,8 metros de altura en la cruz. Tiene una pesada armadura, con pliegues en el cuello, el hombro y la parte superior de las patas que le permiten moverse. El único pelo visible que posee es un mechón en las orejas y otro en el extremo de la cola. Tiene el labio superior móvil y prensil, y con él puede agarrar los juncos y las altas hierbas de que se alimenta. Las otras especies asiáticas son el rinoceronte de Java y el de Sumatra, de los que quedan muy pocos ejemplares y que, desgraciadamente, están amenazados de extinción.

En la época de las grandes lluvias monzónicas, el suelo de la sabana se convierte en una verdadera ciénaga. Estas enormes bestias abandonan entonces su territorio y vagan cerca de los poblados. Como estos *bulldozers* son sumamente miopes, embisten y destruyen todo aquello que se mueve. Es el «sálvese quien pueda» entre los habitantes de las proximidades.

En 1986, tres zoólogos afirmaron que el oso polar devoraba a sus pequeños. Esta teoría se ha visto reforzada por testimonios de esquimales, meteorólogos y cazadores, quienes observaron que, en las islas Spitzberg, todos los osos estaban afectados por la triquina, parásito que suele transmitirse a través del canibalismo. Lo cierto es que los machos atacan a las hembras y a sus crías para procurarse carne fresca. Si está hambriento ataca al hombre; más de un esquimal ha sido presa de sus garras.

LOS OSOS POLARES

AL nacer, los oseznos son ciegos y carecen de pelo. Pero cuando alcanzan el estado adulto son capaces de romper, de un solo bocado, el cuello de una foca.

Para conocer mejor las costumbres del oso polar, algunos investigadores los duermen, disparándoles inyecciones especiales que contienen un somnífero. Después les ponen un collar provisto de una radio. Estos pequeños aparatos están dotados de una batería y un emisor que envía señales a un satélite artificial situado sobre el polo. De este modo, podemos conocer en todo momento la situación exacta de los osos polares. Los científicos han descubierto que algunos osos emigran a miles de kilómetros, desde Alaska, Siberia oriental o Groenlandia, a las islas Svalbard.

Los osos polares son solitarios, apareándose brevemente y separándose después para seguir de nuevo sus vidas independientemente. Durante el durísimo invierno ártico, los machos tienden a desplazarse hacia el sur a regiones menos hostiles, mientras que las hembras preñadas construyen una cueva en la nieve donde parirán sus crías, generalmente en número de dos.

LA GRASA DEL OSO

UN oso polar hambriento puede devorar de una sola vez más de 60 kilos de carne de foca. De este modo acumula una gruesa capa de grasa que le permitirá vivir varios meses sin comer. La hembra pasa el invierno en una «habitación», al final de un túnel de 15 metros que previamente ha excavado con sus patas. Tras seis meses de ayuno absoluto, en los que se dedica a amamantar a sus pequeños, aún no se atreve a salir al exterior; se aposta a la entrada de su guarida y permanece al acecho durante varios días. Cuando está segura de que ningún enemigo ronda por los alrededores, abandona el refugio con sus pequeños.

LA TRAICIONERA LENGUA DEL OSO HORMIGUERO

PARA capturar hormigas y termitas, el oso hormiguero se sirve de la lengua, recubierta por una sustancia densa y pegajosa que mana de su minúscula y desdentada boca a una distancia que puede sobrepasar los 40 centímetros. Tras destruir con sus poderosas patas el hormiguero o la termitera, introduce su lengua, en la que los mismos insectos quedarán atrapados. El oso hormiguero vive, principalmente, en América del Sur, hasta el norte de Argentina. Mide alrededor de 1,5 metros y tiene una cabeza estrecha, mal oído y pésima vista; posee, en cambio, un sentido del olfato muy desarrollado, debido a la longitud de su hocico.

Su cola es sorprendente, y se siente orgulloso de ella. Tan larga como el cuerpo, está recubierta de largos mechones. Es además muy práctica, le sirve para barrer el suelo mientras camina y reunir en montoncitos las hormigas y termitas que huyen de sus nidos. Durante el día, descansa sobre la hierba, arrollado sobre sí mismo y con la gran cola sobre el cuerpo para protegerse del sol y de la lluvia.

Posee una fuerza enorme. Con sus musculosas patas y afiladas garras, puede destrozar a un hombre o a un animal. Incluso el jaguar, que reina en la selva amazónica, le teme.

El oso hormiguero prefiere las selvas y praderas abiertas, y su aspecto externo es muy notable. Su cuerpo es de color gris pardo, con una mancha blanca y negra en forma de cuña en garganta y hombros, lo que rompe la silueta del animal y le ayuda a pasar inadvertido en su medio ambiente. Este hormiguero anda sobre los nudillos; de este modo, las fuertes garras de sus extremidades anteriores no se desgastan y se mantienen afiladas para poder excavar. Las crías del oso hormiguero se agarran al tronco y la cola de uno de sus padres, cabalgando al estilo de los jockeys.

EL LOBO DE CANADÁ

EN Europa sólo se puede admirar en los parques zoológicos. Para verlo en su hábitat natural hay que desplazarse al sur de Canadá, donde la nieve se extiende hasta perderse de vista.

Aquí, los lobos viven agrupados en jaurías de una docena de individuos. El aullido del lobo es de lo más lúgubre, y produce escalofríos por todo el cuerpo. Su desarrollado sentido del olfato le permite advertir la presencia de un ser vivo a una distancia de varios centenares de metros.

Normalmente huye del hombre, y si en alguna ocasión lo ataca es porque tiene hambre o miedo. En este caso su reacción es terrible, ya que posee una mandíbula lo suficientemente fuerte como para partir la pierna de un hombre de un solo bocado. Pero generalmente, prefiere tirarse al cuello de su víctima.

LOS PERROS

SE calcula que en Estados Unidos existen 46 millones de perros, frente a los 9 millones que viven en Francia y los 6 de España.

Los más grandes son el danés y el lebrel irlandés; entre los más pequeños se hallan los chihuahuas, los yorkshires terriers y los toy caniches. Siendo adultos, los hay que pesan poco menos de medio kilo.

El perro tahltan es el más raro. En otro tiempo fue utilizado por los indios en la caza mayor. En la actualidad sólo existen dos hembras estériles.

Los cachorros shar-pei constituyen la raza más cara.

En el pasado, y con mucha frecuencia, los perros fueron empleados con fines militares. Así, por ejemplo, Enrique VIII envió más de 500 dogos contra el ejército de Carlos V. Todavía hoy, el ejército posee sus propios perros.

Los perros esquimales pueden llegar a cubrir distancias de 650 kilómetros en 74 horas. El hombre los utiliza hoy para participar en competiciones de tiro que tienen lugar en las pistas de nieve del Jura, los Vosgos y los Alpes. Finalizado el invierno, se les entrena en el campo y en la playa. Se les engancha después a un *kart* (trineo de ruedas) o a una bicicleta. Se les hace correr también tras un caballo al galope. Gracias a estos robustos perros ha nacido un nuevo deporte.

Al igual que los gatos, los perros son también capaces de encontrar a su amo aun estando a muchos kilómetros de distancia.

EL CORAZÓN DE ORO DEL DOGO DE BURDEOS

Es uno de los más antiguos perros franceses. Se dice que desciende de un perro tibetano llevado a Roma por las caravanas de mercaderes asiáticos. Es un perro que siempre ha sido muy apreciado; durante la invasión de las Galias, se hallaba entre las filas romanas, en las que defendía a las tropas de intendencia de los asaltos de los ladrones. Durante siglos, en las arenas del suroeste de Francia se le enfrentó a osos y toros, entablándose terribles combates que apasionaban a las masas.

El dogo de Burdeos es un atleta fuerte y rechoncho que pesa cerca de 50 kilos. Su cabeza es firme y voluminosa, su cuello musculoso e imponente, y se defiende como un auténtico boxeador. No tiene ninguna dificultad en derribar a una persona adulta.

Y, sin embargo, bajo ese aspecto inquieto se esconde un perro con un corazón de oro. Es paciente y no conoce la traición; es capaz de ofrecer infinita ternura a su dueño, para el que es todo devoción. No hay nada que se le escape, alerta siempre al menor ruido, y es dulce con los niños. De lo cual se deduce que no hay que fiarse de las simples apariencias.

¿ES TAN FEROZ EL BULLDOG?

ESO parece, a juzgar por los relatos que cuentan de él sus víctimas, en su mayoría ladronzuelos, curiosos, ingenuos y «valientes».

Sólo con observar el aspecto de este perrazo de presa ya da pavor. Grande, robusto, de espeso y corto pelaje blanquirrojo, asustan sus fuertes extremidades y hace temblar su cara aplastada, que recuerda la de un boxeador furioso. Gruñe, ladra, salta, corre y da crueles dentelladas con sus terribles mandíbulas, llegando a matar a sus víctimas en algunos casos.

Oriundo de Inglaterra, el bulldog suele emplearse como guardián de fincas y mansiones. Pero también se le destina a encarnizadas luchas clandestinas contra otros perros, con elevadas apuestas de por medio. Incluso a veces los delincuentes aprovechan su furia para que colabore con ellos en sus robos o secuestros; sólo es cuestión de adiestrarlo adecuadamente.

LOS GATOS EGIPCIOS

SE calcula que existen en España algo más de 5 millones de gatos, frente a los 42 de Estados Unidos, país en el que son más numerosos.

El origen del gato se remonta al tiempo de los faraones de Egipto, hace 4.000 años, donde eran objeto de verdadero culto. En compañía de sus amos, y atados con una correa, solían cazar animales acuáticos y también eran utilizados para perseguir a las ratas que destruían las cosechas.

Cuando morían se les guardaba luto y quienquiera que matase a uno de ellos pagaba con la vida.

En el siglo pasado, en la localidad egipcia de Beni-Hassan, se descubrió un cementerio de unos 300.000 gatos, embalsamados y momificados desde hacía milenios.

Hacia mediados del siglo XVIII el gato fue aceptado de nuevo, solicitándose sus servicios para cazar ratas. Un buen gato podía llegar a matar 7.000 ratones y 3.600 ratas en un año. Se cita el caso más reciente de un gato escocés que, en veinte años, dio caza a más de 20.000 ratones. A partir de esta época, el gato se convirtió en uno de los mejores amigos del hombre, hasta tal punto que, en 1978, una rica y excéntrica americana legó toda su fortuna a su gato.

El célebre zoólogo inglés Desmond Morris ha estudiado en profundidad la vida del gato. Entre un gran número de revelaciones, he aquí una muy curiosa: ¿Por qué el gato lleva a su amo una rata, un pájaro o un pez que acaba de capturar? Para hacerse notar, para demostrar que es hábil, pero, sobre todo, porque considera a su amo incapaz de realizar esta hazaña. El gato es un animal muy amigable, pero tiende a mostrar su superioridad en este terreno.

ALGUNOS RÉCORDS DE LOS GATOS

HAY gatos que llegan a vivir muchos años. En Inglaterra, en 1939, se dio el caso de uno que vivió 36 años.

El gato más raro es el *esfinge*, un animal sin pelo, del que se conocen cinco ejemplares en toda Francia. Otro gato también curioso es el *maine coon*, originario de Canadá, que puede llegar a pesar 14 kilos y del que existe un reducido número de ejemplares.

El récord de maternidad lo ostenta una encantadora hembra, que en los años cincuenta trajo al mundo 420 criaturas, repartidas a lo largo de 17 años. Otra dio a luz, en la misma camada, a 19 pequeños.

El gato es un animal silencioso y sorprendente, con un gran sentido de la orientación. Es el mamífero que más tiempo emplea en dormir, entre 14 y 18 horas diarias.

LA AGUDA VISTA DE LA HIENA

LA hiena es el animal con peor reputación de toda la selva. Cuando anda, se diría que cojea. Se dice que es ruin y cobarde, y que se alimenta de cadáveres.

Caza durante la noche, por lo que pasa la mayor parte del día durmiendo. Posee una vista tan aguda que es capaz de correr, en plena noche, a 40 kilómetros por hora. Se alimenta, principalmente, de carroña, sobre todo de cadáveres en descomposición a los que llega a desenterrar. Sus presas favoritas son el ñu, el antílope y animales herbívoros que ven mal en la oscuridad. Otro plato que le gusta mucho: los cuerpos de los guerreros masai que, una vez muertos, le son abandonados siguiendo un rito ancestral.

MAESE ZORRO

El zorro común ha sobrevivido a los cambios provocados por el hombre en el paisaje de Eurasia y Norteamérica. En muchas partes de su hábitat, este zorro se encuentra dentro de los límites de pueblos y ciudades, sobreviviendo gracias a las basuras. La dieta habitual es cualquier presa que consiga, desde insectos a ratones y conejos. Es verdad que a algunos les gusta comer aves domésticas, pero el número de estos animales no es muy grande.

El zorro es ladino, imaginativo, y un gran farsante. Se encuentra, sobre todo, en los campos, pero también se le ha visto merodear por los basureros públicos de algunas ciudades. En Montrouge, en las afueras de París, se han descubierto algunas madrigueras, y en el centro de Londres, cerca de una boca de metro, fue visto un zorro. Otro ejemplar fue perseguido por un coche de policía, pero le dio esquinazo.

Desgraciadamente, transmite la rabia, de manera que a menudo se le suele dar caza como si de un conejo se tratara. Solamente en Alemania se matan cada año unos 200.000 zorros.

Saciado su apetito, el zorro rojo juguetea con el roedor que ha apresado vivo.

Mientras los recién nacidos son todavía ciegos, el zorro apenas abandona la madriguera, alimentándose tan sólo de las provisiones que ha almacenado.

LOS DOS NACIMIENTOS DEL CANGURO

En realidad, el bebé canguro nace dos veces. Un fenómeno único entre los mamíferos. La primera vez llega al mundo un feto de dos centímetros y medio, que pesa sólo unos gramos. Pero esta criatura, pequeña e indefensa, no permanecerá expuesta durante mucho tiempo. Deberá alcanzar por sus propios medios la bolsa ventral o marsupio de la madre, y sólo dispondrá de dos minutos para llegar a ella desde la vagina. La madre le deja que se las componga él solito. Si fracasa morirá en seguida. Llegado a buen puerto, repondrá fuerzas mamando de mamá canguro. Durante ocho meses el pequeño permanecerá allí, protegido por el calor de la madre, y a veces durante más tiempo. Después saldrá del seno materno para enfrentarse a los peligros del mundo exterior. Será su segundo nacimiento.

Pesa entonces unos 3 kilos y medio, aproximadamente, y comienza a aventurarse fuera del marsupio; pero en cuanto siente el menor peligro vuelve a zambullirse en el de cabeza, dándose la vuelta a continuación para asomar la cabeza por la abertura. Cuando la cría de canguro resulta demasiada pesada para que la madre pueda correr libremente, ella misma la saca a la fuerza con la cola.

En la familia de los canguros existen diferentes especies, cuyo tamaño oscila entre el de la pequeña rata canguro almizclada y el de los canguros rojo y gris, que alcanzan los dos metros de altura. Todos ellos son saltadores, con patas posteriores grandes y potentes que les sirven para avanzar a saltos, empleando la larga y robusta cola como una tercera pierna o punto de apoyo.

LA ZARIGÜEYA, MADRE ORIGINAL

LA zarigüeya es un mamífero marsupial de hocico alargado que vive en América del Norte y del Sur. Después de los primeros días de vida, esta infatigable madre se carga los hijos a la espalda y éstos se aferran a la robusta cola prensil materna, rígida como la rama de un árbol.

Las zarigüeyas son arborícolas, nocturnas y carnívoras, aunque pueden ser omnívoras. La bolsa marsupial está muy desigualmente desarrollada según los géneros, e incluso en algunos de ellos no existe.

El curioso comportamiento de la zarigüeya ha dado lugar a la expresión inglesa *playing possum,* que significa hacerse el muerto. Cuando se ve en peligro, se deja caer sobre un lado, con la lengua fuera y los ojos cerrados. En esta posición se deja zarandear hasta que el atacante pierde interés y se marcha.

LO INSÓLITO DE LOS ANIMALES

ADMIRABLES y sorprendentes, los animales se adaptan a situaciones realmente penosas. Para escapar de su enemigo son capaces incluso de amputarse voluntariamente una parte del cuerpo. Esto es lo que hace el lagarto con su cola y el cangrejo con sus patas. Después sólo hace falta un poco de paciencia hasta que el órgano amputado se regenere.

LONGEVIDAD DE LOS ANIMALES

UNA tortuga puede llegar a vivir, fácilmente, cien años. De hecho se conoce el caso de una tortuga terrestre que alcanzó la edad de 152 años. En 1769, Dufresnes la trasladó desde las islas Seychelles a la isla Mauricio. En 1908 perdió la vista, muriendo accidentalmente en 1918. Se sabe también de un molusco que vivió 220 años, edad inferida tras el estudio de las estrías de crecimiento de su concha.

El promedio de vida de la ballena está entre los 90 y 100 años. El del elefante se sitúa alrededor de los 30 años, aunque algunos pueden alcanzar los 70. Una anguila puede vivir 50 años. Un camello, entre 40 y 100 años. El caballo llega a vivir entre 20 y 25 años. El perro, unos 15 años. El conejillo de Indias sólo 3 años. La ardilla, entre 8 y 9 años. El rinoceronte, entre 36 y 50 años. En el chimpancé oscila entre 20 y 30 años. El ratón, en cambio, solamente vive de 1 a 3 años.

Las menos afortunadas al respecto son las efémeras, unos insectos que sólo alcanzan a vivir entre una hora y unas pocas semanas, según las especies.

UNA TORTUGA DE ANDAR POR CASA

ESTA pequeña tortuga griega, que puede vivir en un piso o en el jardín, resulta una compañía ideal. Reconoce la voz de la persona que la cuida e incluso responde por su nombre

Es principalmente vegetariana, aunque tampoco hace ascos a la carne.

En otoño deja de comer y se prepara para la hibernación. Con este fin, conviene reunir en el jardín un montón de hojas secas, paja y turba. Llegado el momento, se ocultará bajo esta improvisada residencia de invierno. Si no se dispone de jardín, lo mejor es instalarla en una caja de unos 40 centímetros de profundidad, llena a partes iguales de paja y mantillo, y colocarla después en el lugar más fresco de la casa. Sólo en primavera saldrá de su profundo letargo.

Si las condiciones son buenas, la tortuga griega puede llegar a vivir, fácilmente, más de cien años.

Una tortuga puede llegar a vivir, fácilmente, cien años. De hecho, se conoce el caso de una tortuga terrestre que alcanzó la edad de 152 años. En 1769, Dufresnes la trasladó desde las islas Seychelles a la isla Mauricio. En 1908 perdió la vista, muriendo accidentalmente en 1918.

EL INFIERNO DE LAS TORTUGAS LAÚD

TODOS los veranos, las tortugas laúd dejan el mar para poner sus huevos en las playas de la Guayana francesa. De cien tortugas, doce mueren al intentar ganar la costa. Cada año, disminuye en el mundo el número de tortugas laúd: en la actualidad no sobrepasa las 100.000.

Existen varias razones para explicar esta progresiva y penosa desaparición. Algunas de ellas quedan atrapadas entre los troncos de madera y los bancos de arcilla. Deben evitar también las redes de los pescadores y escapar de los cazadores que buscan sus huevos, sin olvidar los cazadores furtivos, que transforman su piel en bolsos y zapatos. Los turistas no son más considerados con ellas, pues se montan sobre sus caparazones, las atosigan con sus *flashes* y encienden fuegos en la playa, lo cual las desorienta. A todo esto hay que añadir el despiste de la tortuga laúd, que suele confundir una bolsa de plástico con una medusa, y muere así envenenada en el océano.

Nada más salir del cascarón, los bebés tortuga se lanzan hacia el mar. A su regreso deben afrontar gran cantidad de peligros. En el desconcierto general, se pisotean unas a otras. Las supervivientes consiguen llegar al fin hasta el agua. Pero... ¡cuidado!, los cangrejos, peces-gato y tiburones las aguardan. Sólo las más afortunadas sobrevivirán.

LA TORTUGA BARRENDERA

LAS tortugas son animales protegidos por una armadura consistente en un caparazón curvo sobre el dorso y una placa ósea en el vientre. Una de las desventajas de esta armadura es que dificulta su respiración, ya que las costillas, pegadas al caparazón, no pueden distenderse para introducir aire en los pulmones.

Las tortugas marinas son animales que abandonan las aguas de la costa de Brasil, donde encuentran su alimento, y atraviesan el Atlántico hasta la isla de la Ascensión para criar. El apareamiento se realiza en el mar al final de la migración y después la hembra se arrastra hasta la playa durante la noche para poner los huevos.

Escoge lugares arenosos y alejados del ajetreo humano. Pone unos 200 huevos. Tras realizar su puesta en un nido excavado en la arena, la tortuga marina tiene buen cuidado de volver a taparlo, con la finalidad de no atraer la atención de los depredadores. Para ello, aplasta la arena, además de barrer rápidamente el lugar de la puesta y sus alrededores.

La tortuga, agotada tras pasar la noche excavando, vuelve al mar jadeando. Por desgracia, la destrucción de las áreas de anidamiento de estas tortugas está reduciendo su número, con peligro de que se extingan. No obstante, se están protegiendo algunas de estas zonas, lo que quizá permita su supervivencia.

LA CULEBRA, CAMPEONA DE NATACIÓN

LA culebra de agua vive en toda Europa, parte de Asia y noroeste de África. Su tamaño varía con la latitud. En el sur, los machos miden un metro y medio, pudiendo alcanzar hasta dos metros. Semiacuática, se nutre principalmente de peces y ranas. Es inofensiva y ni siquiera trata de morder.

Es una verdadera campeona de natación. Principalmente diurna, se vuelve muy activa cuando la temperatura se sitúa entre 14 y 33 ºC. El récord de vida de una culebra es de 19 años.

En el campo, se dice que se amamanta de las ubres de las vacas: ¿verdad o mentira? Seguramente se trata de una leyenda, debido al hecho de que se la encuentra con frecuencia cerca del estiércol, donde acostumbra a realizar sus puestas.

EL COCODRILO SE DEJA LAVAR LOS DIENTES

¿QUIÉN puede meterse en la boca de un cocodrilo? A primera vista, parece que ningún animal se atrevería. No obstante, existe un pájaro, el pluvial, conocido también con el sobrenombre de «guardián del cocodrilo», que se aventura tranquilamente entre sus fauces para alimentarse de los restos de comida que quedan en la boca del animal. A cambio, el pluvial libra al cocodrilo de numerosos parásitos, especialmente sanguijuelas, que infestan sus encías. El cocodrilo tolera y agradece la colaboración del pájaro.

EL TUÁTARA, UN EXTRAÑO REPTIL

EL tuátara es un extraño reptil que vive en la isla neozelandesa de Karewa. En la misma isla, en un lugar poco más grande que un escollo, suele llegar para anidar, tras una larga migración, un pájaro llamado pufino. A pesar de que el espacio es pequeño, los dos animales han aprendido a vivir en comunidad: el pufino construye el nido entre las rocas y el tuátara, que es un formidable devorador de insectos, contribuye a mantenerlo limpio. De esta manera, un pájaro y un reptil viven juntos como buenos amigos.

LA LEYENDA DE LA SALAMANDRA

LAS salamandras suelen vivir en regiones cálidas, por tanto, no tienen que hibernar. Son terrestres y sólo van al agua para reproducirse. Viven en lugares húmedos y sombríos, y se alimentan de animales pequeños: insectos, gusanos, moluscos, etc.

La salamandra constituye casi un símbolo. Durante siglos se la ha considerado como un amuleto que trae buena suerte y también como una creación maléfica. Francisco I la escogió para su escudo de armas. En la decoración del techo de una de las habitaciones del castillo de Chambord pueden contarse hasta 330 salamandras que se debaten entre las llamas. Y es que existe una leyenda: en tiempos se pensaba que este animal podía traspasar el fuego sin quemarse.

Las gentes inventaron esta creencia al observar cómo unas salamandras escapaban de las cavidades de un viejo tronco de árbol cuando éste era puesto en la chimenea. La realidad es más cruel: como todo ser vivo, la salamandra perece en el fuego.

Se la acusa también de envenenar a la persona que la toca, lo cual es falso. En cambio, es cierto que ciertas glándulas de su piel segregan un líquido acre, cuya ingestión resulta tóxica. Pese a todo, es un simpático animal.

El axolotl, una especie de salamandra, permanece como renacuajo durante toda su vida, debido a la falta de yodo en su ambiente. Los científicos descubrieron que si se inyectaba yodo al axolotl, éste completaba su desarrollo y se convertía en una salamandra tigre.

UNA RANA CAMPEONA DE SALTO

EL esqueleto de las ranas está especialmente adaptado al salto. Las ranas saltan mejor que los sapos, pero unas y otros han perdido la cola y disponen de largas extremidades posteriores para tomar impulso. Las extremidades anteriores son muy fuertes, capaces de soportar el impacto de incontables aterrizajes. Se trata de un proceso evolutivo de más de 300 millones de años de duración.

En caso de peligro, la «rana de las fresas», en un principio originaria de América del Sur, es capaz de superar en ciento cincuenta veces la longitud de su cuerpo, que mide sólo dos centímetros. Es decir, que puede ejecutar saltos de hasta tres metros de longitud. Este resultado es posible gracias a unas glándulas situadas bajo la piel que inyectan en sus músculos una sustancia estimulante.

DUROS DE PELAR

ALGUNOS animales son muy resistentes. El escorpión, por ejemplo, puede estar sin comer 3 años; la boa, 28 meses; la serpiente de cascabel, 27 meses; la víbora, 20 meses, y la rana, 1 año.

UN VARIADO MENÚ DE INSECTOS

EN el caso de una gran invasión, el hombre podría tener una solución: comerse a su enemigo. Si bien muchos insectos no son comestibles, además de ser peligrosos, otros pueden perfectamente ser consumidos por el hombre. Muchos pueblos ya han dado prueba de ello. Algunas tribus africanas comen termitas asadas. En Laos se consumen grandes cantidades de chinches gigantes de agua cocidas al vapor. En México existe una chinche que, asada, constituye un exquisito manjar. En Brasil se sirven las hormigas con salsa y en Tailandia se sazonan con *curry*. En Indonesia, los grillos son cocidos al vapor en hojas de plátano.

Uno de los platos favoritos de Aristóteles era la ensalada de cigarras. En ciertos lugares del mundo, el hombre se alimenta de orugas, moscas, larvas, gusanos de seda e incluso piojos.

«La repugnancia que nos producen algunos alimentos viene dictada por los usos y costumbres», ha afirmado un gran entomólogo americano. «Muchos insectos tienen un gusto delicioso y aportan más proteínas, lípidos y calorías que la misma cantidad de carne de vaca.»

Este consejo no parece convencer a mucha gente, ¿y a ti? ¿Te comerías un sándwich de escarabajos o una sopa de moscas? Difícil de digerir, ¿no?

LAS HORMIGAS

Las hormigas son unas trabajadoras incansables, además de constituir un gran problema para animales más grandes que ellas. Basta que éstas instalen el hormiguero en las proximidades de su madriguera para que el conejo se traslade a otro lugar. Los pájaros también prefieren construir su nido lejos de los hormigueros, lo cual no impide que estos mismos pájaros limpien sus plumas utilizando el ácido secretado por las hormigas.

Las hormigas atacan a animales a veces más grandes y mejor armados que ellas, pero que sucumben ante tal multitud. Las hormigas legionario son temidas justamente por su voracidad. En todas partes donde coexisten, hormigas y termitas libran combates encarnizados de los que suelen salir vencedoras las hormigas.

Las hormigas legionario tienen una fama siniestra. Sea para cazar o para buscar un nuevo albergue, la sociedad se desplaza en columnas imponentes que agrupan millones de individuos y que pueden alcanzar hasta diez metros de anchura y varios cientos de metros de longitud; en el centro se encuentran las obreras, en los lados están los soldados con mandíbulas amenazadoras vueltas hacia el exterior. Todo animal que no haya podido huir se ve sumergido en la multitud ávida, y con rapidez inaudita es despedazado y devorado.

LA INVENCIBLE HORMIGA ROJA

La hormiga roja es un terrible enemigo del hombre y de la naturaleza. Originaria de Brasil, se encuentra particularmente a gusto en Florida. Su campo de acción: los jardines de los chalés, los campos de cultivo y los pastos. ¿Cómo destruirlas? No es fácil. El fuego no las asusta, ya que sus hormigueros, situados a tres metros bajo tierra, se comunican por una red de subterráneos. En los años sesenta, los científicos pusieron a punto un insecticida, el *mirex*, que se inyectaba en el suelo. El enemigo retrocedió finalmente. Pero no termina ahí todo: en 1970, los ecologistas descubrieron que el *mirex* envenenaba también los ríos, intoxicando a los peces y al ganado. En 1972 se prohibió el uso del *mirex*.

Y, por supuesto, las implacables hormigas rojas aprovecharon para volver, invadiendo de nuevo los indefensos cultivos de Florida.

La hormiga roja alberga y alimenta a un tipo de larva, a cambio de un delicioso producto que lame con avidez; pero esa sustancia produce una verdadera borrachera que perturba su comportamiento; la hormiga descuida la puesta y consagra todos sus cuidados a los extraños.

HORMIGAS QUE CULTIVAN HONGOS

EN un hormiguero, cada hormiga pertenece a un «cuerpo» cuya labor está bien definida. Las hormigas obreras construyen los nidos, se ocupan de los huevos y larvas y almacenan el alimento en los depósitos. Las hormigas guerreras protegen estas reservas y luchan contra las tribus vecinas. Llegan a entablarse verdaderas batallas, tras las cuales son hechas prisioneras las larvas enemigas. Las hormigas agricultoras crían y ordeñan cochinillas y pulgones para alimentarse con su leche.

Existen, además, las hormigas que cultivan hongos. Cada una tiene una misión muy concreta: algunas de ellas recogen hojas de árboles o arbustos y las transportan hasta el hormiguero. A continuación, las almacenan en las galerías subterráneas, donde otras hormigas las ponen a fermentar. Por último, otro grupo de hormigas extienden el micelio, un filamento que constituye el aparato vegetativo de los hongos. En Brasil, algunas de estas hormigas están tan extendidas que es preciso destruirlas con explosivos.

EL ESCORPIÓN DE AGUA Y SU TUBO DE BUCEADOR

CONOCIDO también con el nombre de «pellizcador de pies» por los australianos, dada su costumbre de importunar a los bañistas en los pies, el escorpión de agua es un insecto acuático de 13 centímetros, con la cabeza ancha y redondeada, capaz de volar, pero sólo cuando la sequía le obliga a buscar otro punto de suministro de agua.

Sin aire no puede vivir. Para respirar, la naturaleza lo ha dotado de un aparato que se asemeja al tubo de buceador utilizado en pesca submarina. Este tubo está formado por dos filamentos huecos, unidos por sedas. El aire circula por este tubo hasta los estigmas, orificios situados en el extremo del abdomen. El oxígeno pasa al cuerpo a través de una membrana perforada que recubre tres pares de falsos estigmas sobre los segmentos del centro del abdomen.

LA TÉCNICA DE CAZA DE LA CHINCHE

EN las selvas tropicales vive una curiosa chinche insectívora nocturna que caza termitas de una forma original. En primer lugar, adhiere sobre su cabeza y dorso fragmentos desprendidos de la termitera, después se sitúa cerca de la entrada y se limita a esperar. Irreconocible de esta forma, es ignorada por las termitas. Aprovechándose de la circunstancia, captura una termita y se la come.

Y explotando al máximo la situación, echa el esqueleto de su presa en la abertura de la termitera. Otra termita obrera se apodera de ella e intenta llevársela. Es entonces cuando la chinche tira del esqueleto y atrapa en el mismo viaje a la segunda obrera, asida a su malograda compañera.

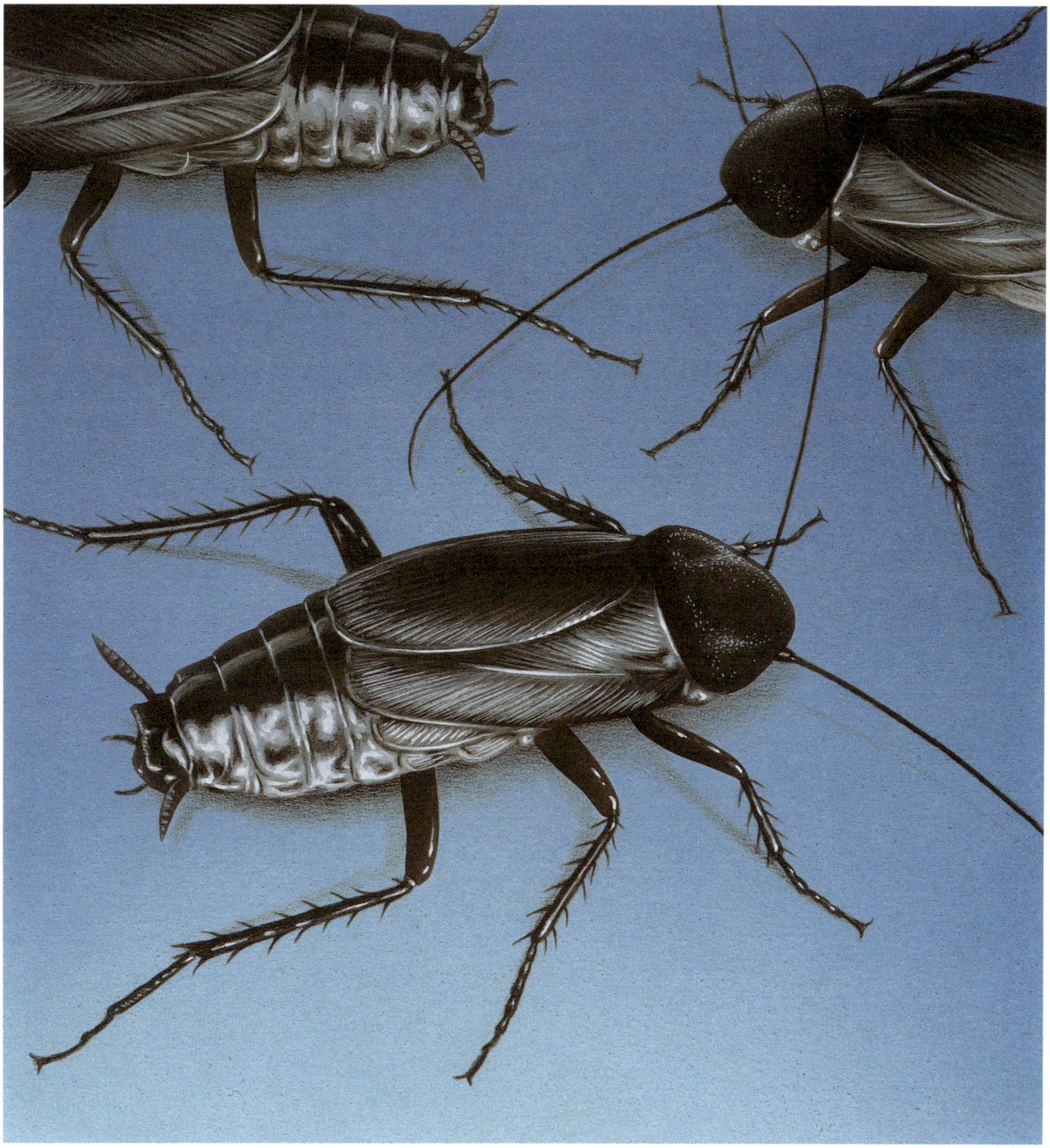

LAS CUCARACHAS DEL PENTÁGONO

Ni siquiera el Pentágono de los Estados Unidos escapa a la presencia de los insectos. Desde hace cuarenta años, todas las noches, dos millones de cucarachas deambulan por el cuartel general del ejército norteamericano. Y aunque se las combate una y otra vez, siempre regresan, cada vez con más refuerzos. Cada año, el ejército de los Estados Unidos invierte miles de dólares en insecticidas.

También en París, las cucarachas se dan una buena vida. Los vertederos de basura y la calefacción central influyen de forma decisiva en su propagación. Son insectos muy golosos que adoran la pimienta y los polvos de arroz, alimentándose incluso de cartón, cuero y corcho.

AVISPAS QUE SE EMBORRACHAN

DOTADAS de piezas bucales a la vez trituradoras por sus mandíbulas y lamedoras por su lengua, las avispas manifiestan un régimen alimentario bastante diverso: golosas de líquidos azucarados, son atraídas por los frutos maduros, cuyos jugos exprimen; tienen tanta predilección por la carne y el hígado fresco que los lamen con avidez; capturan igualmente insectos que despedazan para consumir los músculos. Las larvas reciben en la boca las presas o frutos triturados; a cambio, proporcionan a las obreras una secreción salivar muy apreciada.

Durante el otoño, las avispas se alimentan de frutos cultivados y silvestres. En las regiones vitivinícolas, llegan incluso a emborracharse con el zumo de uva. Y toman tal cantidad que se quedan sin fuerzas para volar, caen al suelo y mueren.

LAS ABEJAS ASESINAS

UNA inmensa nube de mosquitos puede llegar a paralizar en unos minutos un aeropuerto, abatiéndose sobre las pistas y la torre de control. Esto ocurrió en Venecia en 1985.

Fue casi en la misma época cuando una horda de abejas «asesinas» invadía el sur de Estados Unidos. En seguida se dio la alarma y lo peor pudo ser evitado. Gracias a su poderoso veneno atacan con gran efectividad a hombres y animales. Sin embargo, la abeja «asesina» no es producto de la imaginación de un guionista de cine, sino de la imprudencia de un científico brasileño.

En 1952 se le ocurrió cruzar abejas reinas africanas con abejas brasileñas, a fin de obtener una mayor producción de miel. Desgraciadamente, esta nueva abeja resultó ser mucho más agresiva. El drama se produjo varios días después, cuando veintiséis reinas híbridas escaparon del laboratorio. Desde entonces, son millones las abejas de este tipo que se pasean por el mundo.

LA LIBÉLULA: ¡MEJOR QUE UN AVIÓN!

ESTOS insectos son excelentes voladores, ya que se deslizan en el aire a gran velocidad, evitando cualquier obstáculo, cambiando bruscamente de dirección o bien manteniéndose en el mismo sitio, y esto ininterrumpidamente durante las horas de sol del día. Los potentes músculos torácicos, así como la presencia de sacos aéreos que favorecen la respiración, explican este tipo de vuelo.

¿Cómo puede este insecto de 5 centímetros de longitud rivalizar con un Boeing 747?

La libélula es un as de la acrobacia; despega según un ángulo de 45°, pero también puede hacerlo en la vertical. Alcanza velocidades de 50 km por hora y es, desde luego, un verdadero bólido en el aire.

Durante una tormenta, es capaz de mantener la estabilidad, cosa que no puede hacer un avión, controlando las turbulencias. Incluso puede volar hacia atrás.

Por el momento, su comportamiento es objeto de profundos estudios por parte de los especialistas de la Universidad de Colorado, tras los cuales se espera conseguir mejoras en los aviones actuales. Una nueva técnica de vuelo, aviones más seguros, más silenciosos y más económicos. Este animal aún no ha terminado de sorprendernos.

Todas las libélulas son carnívoras y su vuelo prolongado les permite atrapar pequeños insectos: moscas y mosquitos que abundan en las proximidades del agua, sujetando a las presas con sus patas, mientras las piezas bucales, masticadoras, las reducen a papilla.

LA CIGARRA PERMANECE DIECISIETE AÑOS BAJO TIERRA

LA hembra de la cigarra deposita los huevos en la rendija de la corteza de un árbol. Cuando eclosionan, las larvas caen al suelo y se ocultan bajo tierra, donde permanecerán de cuatro a diecisiete años, según la especie a la que pertenezcan. Una vez transcurrido este tiempo, podrán realizar al aire libre su última muda. Pero su vida adulta será corta: seis a siete semanas durante las cuales, y escondidas en la hojarasca, absorberán la savia de los vegetales.

Se conocen 1.500 especies de cigarras en todo el mundo. La mayoría habitan en las regiones cálidas y tropicales. En Europa residen en el sur. Es también el insecto más ruidoso: su canto ininterrumpido y monótono ¡te enloquece! Se alimenta de raíces y ocasiona grandes perjuicios.

LAS TERMITAS Y SUS TERMITEROS

ENTRE los insectos, la sociedad más antigua es la de las termitas. En este caso más «antiguo» no quiere decir primitivo o simple. El termitero es verdaderamente muy complejo, es una ciudad laberinto y en la parte que emerge del suelo puede alcanzar, como en algunas regiones tropicales, una altura superior a cinco metros. Así como los hormigueros están llenos de obreras que entran y salen a través de la abertura, en los termiteros no se ve una sola termita ni tampoco un agujero de entrada: las galerías y los corredores de acceso suelen estar bajo el terreno, escondidos bajo las raíces de un árbol o bajo las piedras.

Al igual que las abejas y las hormigas, también las termitas encargan la tarea de la reproducción a la reina, que está protegida y alimentada por las jóvenes termitas.

En 1989, una nube de langostas peregrinas se extendió sobre el mar Rojo, ocupando una superficie de 5.200 km², es decir, un total de 250.000 millones de insectos, con un peso de 508.000 toneladas.

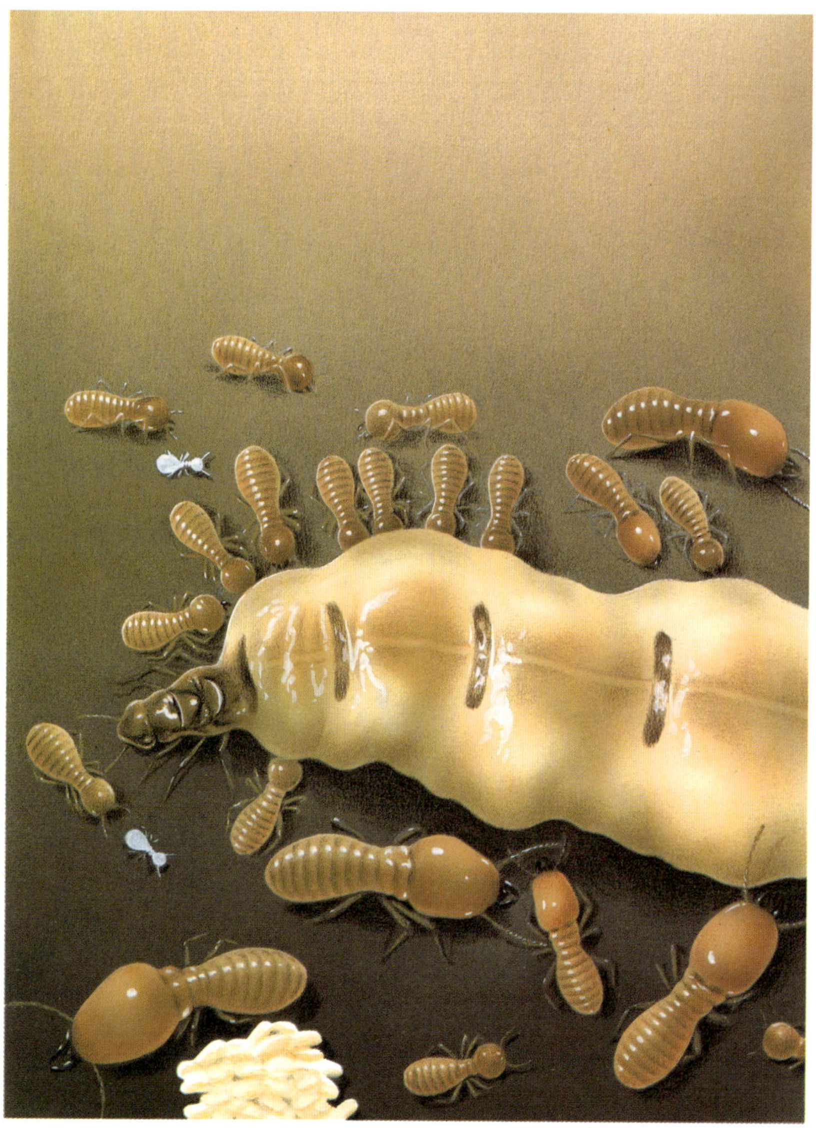

LA LANGOSTA PEREGRINA

EN la langosta migratoria suelen diferenciarse variedades: una solitaria, de color verde, inofensiva, y otra gregaria, de tonalidad oscura, muy activa y capaz de formar grandes plagas. El paso de una forma a otra se produce cuando se dan condiciones ambientales favorables, tales como lluvias que permiten la eclosión de un gran número de huevos, o circunstancias desfavorables, como una sequía, que obliga a concentrarse a millares de individuos en puntos donde es posible encontrar alimento. En tales situaciones, se inicia una transformación, que se completa en el curso de un par de generaciones.

Las invasiones de langostas son un problema que afecta a muchos países del mundo. El caso de la langosta peregrina es tristemente célebre, ya que en la antigüedad protagonizó la «octava plaga de Egipto».

Los daños materiales que ocasionan son impresionantes. Una nube de langostas puede devorar una cantidad de alimento equivalente a su peso, arruinando una cantidad cuatro veces superior de plantas. Son capaces de destruir 100.000 toneladas de trigo diarias: el alimento de medio millón de personas en un año. Sin estos insectos, el problema del hambre desaparecería en muchos países del mundo.

LAS AVES, GRANDES VIAJERAS

LAS aves son como infatigables aviones con plumas, capaces de recorrer grandes distancias.

Las aves migratorias vuelan de 6 a 8 horas diarias. La alondra lo hace a un promedio de 30-40 kilómetros por hora. La cerceta, a 100-110 km/h. La focha recorre 730 km en dos días. El revuelve piedras, 825 km en 25 horas. La urraca griega, 700 km en 20 horas; cada noche avanza unos 500 km. Esta ave puede atravesar el Mediterráneo en 12 o 13 horas. En otoño, invierte tres meses en llegar al sur de África. En primavera, sólo tarda dos meses en volver a Europa.

La golondrina de mar y el chorlito real recorren más de 19.000 km dos veces al año, pudiendo realizar 5.200 km sin efectuar ninguna escala. La cigüeña puede competir con cualquier viajante de comercio, ya que, infatigablemente, recorre 12.000 km.

Alrededor de 600 millones de aves europeas pasan el invierno en África, de modo que durante la primavera y el otoño, de 400 a 600 millones de aves migratorias sobrevuelan España.

Tampoco faltan en las aves los récords de velocidad. Con sus 385 km/h, cuando vuela en picado, el halcón peregrino es el ave más rápida. En vuelo horizontal, el más rápido es el vencejo de cuello blanco, con 171 km/h. Le siguen el buitre (150 km/h), la cerceta (135 km/h), el pato (90 a 120 km/h), el cisne (88 km/h), la paloma (60 a 150 km/h), el halcón (40 km/h) y el cuervo, con 38 kilómetros por hora.

El faisán no es precisamente un bólido cuando vuela. Pero en tierra firme corre muy rápido, dando pasos de 50 centímetros. Si el disparo de un cazador lo alcanza en un ala; puede escapar de él corriendo como un loco, le sacará varios cientos de metros de ventaja y se pondrá a cubierto a no ser que el perro lo atrape.

LA GRULLA SE DEJA HIPNOTIZAR

DEBIDO a sus largas patas y a su no menos largo cuello, la grulla es una de las aves más altas del mundo. Habita el hermisferio norte del planeta y jamás se atreve a cruzar el ecuador.

Las grullas son famosas por su cortejo nupcial, en el que dos o más individuos danzan. La grulla coronada africana, con su llamativo mechón de rígidas plumas amarillas, tiene la costumbre de golpear el suelo con las patas para espantar a los insectos y atraparlos cuando echan a volar.

Son muchos los atractivos de la grulla. Por eso los cazadores se ceban en ella y está al borde de la extinción.

Sin embargo, hay algo que atrae a la grulla de manera irresistible, hasta el punto de hipnotizarla, y es cualquier resplandor o luminosidad muy fuerte.

Se han visto bandadas enteras de grullas sobrevolar incendios de bosques entre chillidos de excitación. A pesar del riesgo evidente, muchas de ellas se acercan tanto al fuego que el humo las rodea y, sofocadas, terminan por caer en él.

La grulla antígona posee una voz tan sonora que se la puede oír a más de tres kilómetros de distancia. Esta potencia es debida a la especial configuración de su tráquea, que tiene la forma de una tuba.

LA GRULLA ANTÍGONA: UN BUEN PERRO GUARDIÁN

ES en Asia donde vive el mayor número de grullas, entre ellas la grulla antígona. Los asiáticos las respetan hasta tal punto que está prohibido matarlas, pues cuenta la leyenda que la desgracia se cierne sobre el cazador y su familia. Se alimenta de granos en invierno, también come gusanos, insectos, grillos, libélulas ranas y pequeños reptiles acuáticos, guisantes y frutas.

Los indios amaestran a las grullas como verdaderos «perros guardianes» para alejar a los molestos roedores y a las peligrosas serpientes de sus casas. Estos animales constituyen un plato exquisito para la grulla.

LA «TOILETTE» DE LA GARZA AZUL

CUANDO se alimenta de pescado, la garza azul suele ensuciar con él sus bonitas plumas. Afortunadamente, la naturaleza la ha provisto de los elementos apropiados para realizar su aseo. Las escamas de aspecto polvoriento que guarda en el plumón, a un lado y otro del pecho y sobre la rabadilla, le ayudan a «desengrasar» su plumaje. Sobre las plumas ensuciadas por la grasa del pescado, extiende esta sustancia polvorienta que absorberá la suciedad.

Para terminar su aseo, se sirve de un improvisado cepillo que posee en el dedo central, cuya cara interna está provista de un borde dentado en forma de peine.

El avetoro, una especie de garza, cuando se despereza de su largo sueño diurno, estira el cuello hacia arriba y emite una especie de mugido sordo y lastimero. ¡Parece el mugido de un toro!

Ese engañoso sonido que le da nombre puede ser oído a dos o tres kilómetros de distancia.

LA CARCAJADA DEL KOOKABURRA

EL kookaburra, o martín cazador, es un ave propia de Australia, del tamaño de una corneja. Al anochecer y al amanecer emite unos curiosos ruidos que semejan risotadas descompuestas; unas veces son risas francas y alegres, otras son malvadas y sarcásticas. Por esta razón se le denomina juan reidor y martín carcajeante.

Y sin embargo, cuenta la leyenda que, en otro tiempo, el kookaburra fue un ave silenciosa. Mas cierto día presenció el almuerzo de una serpiente pitón, que devoraba a un pequeño pájaro. Una vez saciada, la serpiente se disponía a echar una siesta cuando, de improviso, empezó a bostezar. El pajarillo aprovechó la ocasión para escapar y, delante de la indignada pitón, el kookaburra se puso a reír hasta hartarse.

Algunas parejas de kookaburras se instalan incluso en la ciudad, aprovechando las cavidades de las paredes. El kookaburra birla también los juguetes a los niños y llega a entrar en las casas para comerse los pececillos rojos de los acuarios. A pesar de sus pequeños defectos, los australianos aprecian mucho a este pájaro, al que denominan cariñosamente «viejo Jack». Suele acompañar a las caravanas de colonos y observa sus faenas. Se alimenta de lagartos, serpientes, grandes insectos y pequeños mamíferos.

EL TUERCECUELLOS IMITA A LA SERPIENTE

A pesar de medir sólo 15 centímetros, el tuercecuellos es un ave muy inteligente. Debe su nombre vulgar a la gran movilidad de su cuello. También se la conoce con el nombre de «pájaro-serpiente», ya que en caso de peligro retuerce repetidamente el cuello y silba como una serpiente, una treta eficaz que hace huir a los asaltantes de nidos. Y si cae en manos de un cazador, emplea otra táctica: se hace el muerto. El cazador, confundido, suelta su presa y, al momento, el tuercecuellos sale volando sin más explicaciones.

EL PÁJARO TEJEDOR COSE SU NIDO

LOS afortunados que consiguen sorprender a este pájaro construyendo su nido se preguntan: ¿Cómo puede este animalito de menos de un palmo ser tan inteligente?

Da gusto ver al pájaro tejedor. Mientras la hembra acarrea material, el macho dispone una hoja grande, perfora repetidamente los bordes con su agudo pico y pasa después por los agujeros un cordón de fibras que hila él mismo con lana, estopa o tela de araña. La hoja, cosida con rapidez y delicadeza, forma el nido, que será forrado con musgo y plumas de otras aves.

EL ALBATROS

A la edad de un año, el albatros levanta el vuelo y emprende un largo viaje en solitario, que puede durar de cinco a diez años. Sólo regresa a tierra firme a finales de octubre o noviembre para reproducirse, y siempre al mismo sitio; las islas Kerguelen son uno de sus lugares preferidos. Fiel en el amor, conserva la misma compañera hasta su muerte. El noviazgo suele durar tres años y la hembra sólo pone un huevo cada dos años. ¡Un huevo que pesa cerca de 500 gramos!

Para pescar los cadáveres de crustáceos y pulpos que flotan sobre la superficie del mar es capaz de recorrer cientos de kilómetros.

EL JACANA

EXISTEN siete especies de jacana, todas circunscritas a las zonas tropicales, en general junto a la vegetación acuática de lagos y estanques. En el amor, es la hembra quien toma la iniciativa. Una vez puestos los huevos, ella deja al macho que se encargue de incubarlos. Veintidós días de cuidados en los que conviene no importunarlo, de lo contrario el resultado sería desastroso: el macho romperá los huevos y destruirá su nido con grandes y rabiosos picotazos. También da golpes de ala como los gallos. Los indígenas no han podido domesticarlas, pues se resisten hasta el extremo de dejarse morir de hambre.

EL CERNÍCALO

EL cernícalo pertenece a la familia de los halcones. Es un ave de rapiña diurna, se alimenta de ratones y reptiles, vive en campanarios y torres, a veces junto a palomas, sin molestarse entre sí. Conoce a fondo las técnicas del camuflaje, y gracias a su plumaje de color ladrillo con rayas negras esparcidas por el cuello, cola y cabeza, se confunde fácilmente entre las cañas. A la mínima señal de peligro, el cernícalo permanece quieto, sin moverse un milímetro. Los científicos estuvieron observando a uno de ellos, que agazapado entre las cañas rotas por el viento imitaba las ondulaciones de la hierba.

EL FULMAR

ES un ave que pulula por los islotes del océano Glaciar Ártico y vive, formando colonias, en los acantilados rocosos batidos por las olas. En el momento de la reproducción, se concentran allí cientos de miles de nidos. La hembra pone un solo huevo, turnándose con el macho para incubarlo.

¡Pobre del depredador que se aproxime demasiado a su nido! Inmediatamente, el fulmar abre el pico y proyecta sobre el indeseable intruso un líquido de pésimo olor, segregado por las glándulas digestivas. Éste huye sin pensárselo un momento. El alcance del «proyectil» puede llegar hasta 1,20 metros.

HALCONES EN LOS AEROPUERTOS

AUNQUE parezca increíble, es cierto que existen halcones «encargados» de vigilar los aeropuertos. Su «misión» es acabar con estorninos, palomas y gaviotas, para evitar que dañen el reactor en caso de colisión.

¿Sabías que del choque de un pájaro de 460 gramos contra un avión que se desplace a 400 km/h resulta una fuerza de impacto de dos toneladas?

De hecho, durante los últimos setenta años, la colisión con aves ha provocado la destrucción de 34 aviones civiles.

La razón de que las aves invadan los aeropuertos se debe a las lombrices de tierra, que durante la noche abandonan sus galerías para darse un garbeo por las pistas. Si un ave pasa por allí y descubre alguna, se lanza en picado sobre ella y la degusta con toda tranquilidad. Imaginad que un avión despegara en ese momento, ¡sería desastroso! Desde hace poco tiempo, existen unos conductos antilombrices a lo largo de las pistas, consistentes en un tubo abierto por un extremo. Cuando la lombriz cae dentro, ya no tiene posibilidad de salir.

Otra medida de seguridad adoptada por el hombre para combatir este problema consiste en la utilización de halcones tras un breve período de adiestramiento.

Los halcones todavía se siguen empleando en la cetrería o arte de atrapar aves salvajes con aves de presa entrenadas.

Un halcón hambriento volará de buen grado en busca de la presa o del señuelo, consistente en un trozo de carne cruda con unas cuantas plumas pegadas que se balancean en el extremo de una cuerda o correa.

EL CHORLITO DORADO PARECE UN SALTIMBANQUI

ESTE pajarito no llega a medir 30 centímetros y sus alas son pequeñas. Pero volando puede superar en velocidad a una vieja avioneta y su radio de acción le permite emigrar del extremo norte del continente americano, donde pasa el verano, hasta la Pampa argentina, donde hiberna.

El chorlito dorado macho, cuando está en celo, se pone a dar volteretas delante de la hembra para mostrarle su vigor y juventud. Sigue y sigue, sin cansarse, haciéndonos pensar en un saltimbanqui con plumas.

LA GANGA TOCA EL TAMBOR

LA ganga se asemeja tanto a una gallina, que se la conoce también con los nombres de «gallina de los bosques» y «gallina de los avellanos». Este pájaro, cuyo plumaje reúne los colores de las hojas muertas, vive en Asia, Europa y África.

En la época de celo, el macho toca el tambor para llamar la atención de la hembra. Se sube sobre un tronco de árbol seco y produce un sonido que se amplifica y resuena por todo el bosque como un redoble de tambor. Este insólito ruido es producido por el ritmo de sus alas y los sonidos de ventrílocuo que emite.

LOS REGALOS DEL FUMAREL MACHO

EL fumarel es un pájaro que habita en los mares, aunque también frecuenta las marismas de agua dulce. En la época de celo tiene un detalle curioso: justo antes de empezar el cortejo, el macho ofrece un pequeño pez a la hembra, quien suele apreciar en gran medida este regalo.

Comienza entonces una danza nupcial aérea, en la que los enamorados multiplican las acrobacias, al tiempo que emiten gritos de felicidad. A modo de nido, la hembra excava un sencillo agujero en la arena apoyando su pecho en el suelo y girando sobre sí misma.

EL LENGUAJE DE LA GALLINA

LA gallina se distingue del gallo por ser más pequeña, tener la cresta más corta y carecer de espolones. Tiene una forma increíble de enseñar a sus polluelos a reconocer los mejores bocados. En 1986, tres científicos de la Universidad Rockefeller de New York dedujeron que para pedir un gusano los polluelos emitían sonidos breves y muy próximos, cada 0,28 segundos, y para una cáscara de nuez, cada 0,56 segundos.

El cacareo de la gallina tiene diversos matices. Los pollitos saben cuándo va a poner un huevo o si está contenta.

LAS CATACUMBAS DEL ABEJERO

EL abejero o abejaruco es un ave de hermosos colores que vive en las riberas de los ríos europeos y cruza el Mediterráneo en otoño para hibernar en las cálidas tierras de África.

Como ya indica su nombre, pierde la cabeza por la abeja, su alimento preferido. Y así, se convierte en el terror de las colmenas. También gusta de posarse sobre los hilos del teléfono.

Sin embargo, su ocupación más interesante para nosotros es la de excavador. La colonia de abejeros, en grandes bandadas, perfora el barro que hay en los ríos y abre numerosas y sorprendentes galerías oblicuas que pueden llegar a alcanzar hasta tres metros de profundidad, rematadas por sendas cámaras muy espaciosas, que conforman, todas ellas, unas verdaderas catacumbas subterráneas. Cada pareja reproductora se queda con un túnel y su correspondiente cámara, que les servirá de nido para los polluelos.

En África, los abejarucos viajan a veces sobre el dorso de las avutardas o de mamíferos herbívoros. Al paso de su huésped, saltan insectos del suelo, por ejemplo langostas, y se lanzan a atraparlos.

Los científicos han encontrado una posible explicación al extraordinario sentido de orientación de la paloma mensajera. Esta ave posee, además de una gran agudeza visual y una excelente memoria de lo sitios por los que ha pasado, un sentido magnético que estaría situado en el extremo de los nervios ópticos. Una especie de brújula natural, en contacto permanente con el campo magnético terrestre.

EL ASOMBROSO FLAMENCO ROSA

LA isla de la Gran Inagua, en las Bahamas, es el refugio de 50.000 flamencos rosas: la mayor colonia del mundo. Ahora bien, el flamenco es sorprendente en más de un aspecto. Aunque es torpe en el suelo, se convierte en una auténtica estrella cuando vuela. Agrupados en escuadrillas y cubriendo largas distancias, estas zancudas vuelan a más de 50 kilómetros por hora.

La naturaleza ha mimado al flamenco: su lengua filtra el agua y retiene las algas y crustáceos que constituyen su comida. El gran flamenco rosa mide desde 90 centímetros hasta un metro y medio, y sus largas patas impiden que se ensucie el plumaje. Su nido lo constituye un cono de barro de 30 centímetros de altura y medio metro de diámetro, que lo protege de las fuertes lluvias que asolan la zona. En él, la hembra coloca un solo huevo blanco como el yeso, que incuban macho y hembra hasta que eclosiona a los 28 días. Llegados al estado adulto, los padres reconocen la voz de su pequeño entre centenares de individuos.

Sin embargo, el flamenco tiene un gran enemigo: el cerdo salvaje, que devora sus huevos y sus crías. Otros enemigos: pigargos africanos, hienas, chacales, guepardos y algunos carnívoros más.

LA PALOMA MENSAJERA

GRACIAS a su velocidad y resistencia, la paloma mensajera es capaz de encontrar el camino de regreso al palomar, incluso después de haber recorrido centenares de kilómetros. Estas virtudes le han servido para prestar al hombre grandes servicios.

Fue una de estas aves la que anunció la victoria del atleta Temóstenes a su familia, en la 84ª sesión de los Juegos Olímpicos. En el año 44 a.C., Julio César las utilizó durante la conquista de las Galias. En las antiguas civilizaciones marítimas anunciaban la llegada de los barcos a puerto. En Francia, durante la Edad Media, transmitían mensajes secretos entre los campamentos, conventos y fortalezas. Los corsarios de Saint Malo y Dunquerque solían enviar barcos de avanzadilla, y cuando un navío, supuestamente cargado de riquezas, aparecía a la vista, se soltaba una paloma para señalar al puerto su posición.

En 1870, durante los cuatro meses que duró el asedio de París, millares de palomas transmitieron 150.000 mensajes personales. Durante la Primera Guerra Mundial, más de 20.000 palomas mensajeras de ambos bandos cayeron en acto de servicio, y en la Segunda Guerra Mundial, algunas de ellas recibieron la medalla al mérito.

El flamenco rosa es el más extendido y vive en la India, África, el Mediterráneo, Sudamérica y el Caribe. El flamenco pequeño vive exclusivamente en África, sobre todo en los lagos de la Gran Falla del África Oriental. Los flamencos andinos y los de James están confinados en los lagos de los Andes, en América del Sur.

LA LEYENDA DEL MARTÍN PESCADOR

EL color dominante del martín pescador es el azul metálico. Cuenta una antigua leyenda que en un principio era de color gris tierra, pero abandonó tan precipitadamente el Arca de Noé que el sol del atardecer tornó dorado su vientre, mientras su dorso tomaba el color del cielo.

El martín pescador busca un lugar donde encaramarse por encima del agua y permanece allí a la espera. De vez en cuando se precipita en la corriente, nada por debajo del agua y habitualmente sale con un pececillo en el pico. Vuelve a su percha y lanza al aire su presa para recogerla de nuevo de tal modo que pueda tragársela empezando por la cabeza: así no se clava las espinas ni las escamas en la garganta.

La pareja de martines pescadores excava una larga madriguera en el suelo blando de la orilla. El túnel puede alcanzar hasta un metro de longitud y está ligeramente recubierto de restos de comida y peces.

Los pájaros de la familia de los picos tienen todos el mismo tipo de garras, con dos dedos orientados hacia adelante y otros dos hacia atrás. Comparten este rasgo con los loros y cucos.

El picamaderos, cuyo pico constituye un verdadero martillo, es capaz de golpear el tronco de un árbol con una velocidad en el impacto de 21 kilómetros por hora.

UN VERDADERO MARTILLO

EL pájaro carpintero es un ave arborícola que se distingue por la costumbre de hacer agujeros en los árboles para anidar o para atrapar insectos o gusanos. Se encarama al tronco del árbol, apoyándose en su cola rígida, y emplea su pico, fuerte, largo y recto, como si fuera un hacha, cincel o taladro. Tiene una larga lengua con aspecto de gusano, que puede extender más allá del extremo del pico. El interior de los nidos está siempre bien acabado y pulido, y pone entre dos y ocho huevos sobre la madera.

Con su pico en forma de buril, el picamaderos, una especie de pájaro carpintero. busca los insectos escondidos bajo la corteza de los árboles. Primero golpea el tronco más o menos fuerte, escuchando la resonancia. Una vez que ha detectado a su presa, practica un agujero con el pico. Sus golpes son tan precisos que el agujero se abre siempre sobre la galería en que se encuentra el insecto o la larva. A menudo utiliza la lengua para cazarlo, ya que, recubierta de una saliva pegajosa, constituye un verdadero arpón.

UN AVE LLAMADA ZAMPULLÍN

ESTA ave tiene bien merecido su nombre, ya que es un as del buceo. Se alimenta principalmente de peces, a los que persigue hasta 50 o 60 metros bajo el agua. Si bien no son buenos voladores, se hallan, en cambio, bien equipados para el medio acuático, pudiendo realizar inmersiones de bastante duración y recorrer largas distancias El zampullín es un ave esquiva que prefiere los sitios abrigados y, cuando sale de los cañizales, huye de las miradas mediante una rápida zambullida.

Al nadar o posarse sobre las olas sólo puede observarse su cabeza, a modo de telescopio. Es un animal poco sociable, pero en invierno se reúnen, de buen grado, en pequeños grupos.

Otra particularidad de esta ave es que no se posa sobre las patas sino sobre el vientre. Nadadora por excelencia, en tierra se desplaza arrastrándose sobre el vientre. Las patas, que tan buen resultado le dan en el agua, sólo le sirven para empujar el cuerpo.

EL PATO MANDARÍN SALTA DEL TRAMPOLÍN

TODO son desventajas para esta ave, una de las más indefensas que existen, pues camina, corre, nada y vuela bastante mal, no se defiende luchando y tiene muchos enemigos.

Ni siquiera su color le sirve de protección eficaz al pato mandarín. En efecto, el plumaje del macho es tan colorista y llamativo, que puede ser visto a distancia por sus antagonistas; y además, ha dado origen a su nombre, ya que se le compara con los soberbios trajes de los antiguos mandarines chinos.

El pato mandarín abunda en las zonas húmedas de Extremo Oriente. Con solamente unos pocos días de vida, aprende a saltar al agua, empujado por la madre, desde ramas altas, convertidas en verdaderos trampolines naturales. Es su forma predilecta de escapar a la voracidad de los halcones y otros peligrosos cazadores.

EL PETREL GIGANTE: TERROR DE LOS OCÉANOS

DEL tamaño de una gaviota, el petrel gigante es un potente volador que frecuenta los océanos de todo el mundo. Audaz y combativo, no es aconsejable aproximarse a él. Si su nido se halla en peligro, ataca sin dudarlo un segundo, mostrándose más agresivo que un halcón. Incluso si se trata de un hombre, cae sobre él y lo ataca sin piedad. Su pico ganchudo y afilado, así como sus poderosas garras, son armas que infunden verdadero respeto.

El petrel gigante siembra el terror entre las demás aves marinas, pues se alimenta de carne y saquea los nidos. Cuando sorprende pescando a aves más pequeñas que él, las ataca para obligarlas a soltar la presa, atrapando ésta al vuelo. Incluso el pájaro bobo le tiene miedo.

En invierno, vaga sobre las olas y sólo se posa en tierra para anidar, escogiendo las zonas más frías de la tierra. Siente una cierta debilidad por las islas perdidas cubiertas por una vegetación de tundra, en las que asalta los nidos de otras aves y caza roedores como los lemmings.

El petrel gigante instala su nido en una depresión del suelo, en la que la hembra pone dos huevos, alternándose con el macho para incubarlos. Este proceso dura alrededor de veinticinco días. Después, los padres se ocuparán por turno de los pequeños, que, por cierto, crecen muy mimados.

EL PEQUEÑO CUCO ES UN PÁJARO PERVERSO

LOS cucos se despreocupan de sus crías hasta el punto de poner los huevos en los nidos de otras aves, que se convierten en sus padres adoptivos, los cuales no suelen darse cuenta de que hay un intruso, porque el cuco acostumbra a eliminar uno de los huevos del nido o tragárselo. Y el pequeño cuco es un pájaro perverso: al crecer no dudará en tirar instintivamente del nido los huevos y las crías de sus nuevos progenitores. Con mucho esfuerzo, irá colocando uno a uno los huevos o polluelos sobre su dorso y los arrojará del nido. De este modo, asegura que toda la atención de sus padres adoptivos se centre en él.

CIGÜEÑAS SOBRE EL TEJADO

LAS cigüeñas suelen instalar grandes nidos sobre tejados, ruinas, postes de alta tensión o árboles altos. La cigüeña blanca vuelve al mismo nido durante varios años consecutivos. Cuando regresa de África, en primavera, debe librar duros combates para expulsar del nido a sus adversarios. Una vez recuperada su vivienda, la arregla con hierba fresca, pelusas de las plantas y trapos viejos.

En Alemania se ha encontrado un nido de cigüeña que data de hace 400 años. Con dos metros y medio de altura, más de dos de ancho y una tonelada de peso, es realmente impresionante.

La cigüeña es considerada signo de buena suerte en casi todos los países. Aves majestuosas, prácticamente mudas, durante el cortejo se comunican crotorando, es decir, mediante unos golpes secos que producen cerrando bruscamente el pico, y dando saltos en una torpe danza. Vuelan bien y muchas recorren grandes distancias cuando emigran. Al volar suelen mantener el cuello extendido y las patas hacia atrás. Se alimentan principalmente de peces, insectos y anfibios.

EL PREVISOR ALCAUDÓN

EL alcaudón es un típico cazador al acecho: desde un observatorio situado en una rama alta acecha y escudriña el suelo, por si alguna víctima se atreve a moverse. En ocasiones se cierne en vuelo, lanzándose en picado a enorme velocidad sobre la presa avistada en el suelo.

Cuando captura una presa, el alcaudón gris la clava con su pico en la espina de un arbusto. El alcaudón desollador también atraviesa escarabajos y saltamontes sobre espinas o sobre alambres dentados. De este modo, se crea su propia despensa, recurriendo a ella para abastecerse según sus necesidades.

Heraldos de la primavera y moradoras de las altas torres y de los campanarios en los que anidan, las cigüeñas son consideradas portadoras de paz y fortuna en diversas regiones.

Las cigüeñas, aves de gran tamaño, poseen largas patas y un pico fuerte y de notable longitud. Diversas especies se hallan muy difundidas por las regiones templadas y cálidas de África y Eurasia.

EL CARBONERO PALUSTRE

ESTOS pájaros, de plumaje suave y denso, están siempre moviéndose en busca de insectos. Para evitar que le roben durante el invierno los productos de su caza, el carbonero palustre esconde sus provisiones en diversos lugares, como las ramas o troncos huecos de los árboles.

Durante mucho tiempo se pensó que este curioso pájaro no volvía a recuperar sus viandas. En 1987, tras largos estudios, un equipo de la Universidad de Oxford demostró lo contrario: el carbonero palustre recuerda muy bien sus escondites, pero... sólo los que ha visitado durante los tres últimos días.

EL GRAN CORAZÓN DEL COLIBRÍ

EL colibrí –también llamado pájaro mosca– posee un corazón enorme, que late a 1.000 pulsaciones por minuto. Para hacernos una idea, el del hombre sólo alcanza 70 pulsaciones.

Este minúsculo pájaro presenta, además, otros aspectos extraordinarios. Cada año recorre 6.400 kilómetros y su vuelo recuerda al de un helicóptero, siendo la única ave que se desplaza hacia adelante, hacia atrás y lateralmente. Hasta produce un zumbido semejante al de un motor. Alcanza una velocidad de 80 kilómetros por hora.

Durante el vuelo nupcial puede batir las alas hasta 200 veces por segundo y a menudo se aparea en vuelo. Su rapidez le permite atacar incluso a sus más peligrosos enemigos, como la serpiente, a la que golpea en los ojos con su largo y afilado pico.

Este pájaro habita las regiones situadas entre 0 y 5.000 metros de altitud, desde Alaska a Perú, de las Antillas a las Galápagos. Aunque pesa poco, menos de 3 gramos, posee un feroz apetito; se vuelve loco por el néctar de las flores y los pequeños insectos, dándose verdaderos atracones. Por analogía, si el hombre quisiera imitarlo, tendría que ingerir al día 150 kilos de patatas cocidas.

BLA, BLA, BLA,

EL más conocido de los loros es el loro gris de África, cuya cola roja destaca sobre el color gris del plumaje. Los pequeños y vivarachos papagayos inseparables viven también en África y Madagascar, y su costumbre de «besarse» constituye un divertido espectáculo.

Por su capacidad imitativa del habla humana y su belleza son objeto de un activo comercio. Tras un buen aprendizaje, el papagayo puede llegar a aprender más de 300 palabras. Se conoce el caso de un papagayo gris africano, propiedad de unos ingleses, que poseía un vocabulario de casi 800 palabras.

También la llamada urraca parlanchina, además de expulsar de su territorio a cualquier intruso y de robar los huevos y polluelos de otras aves más grandes, es capaz de cotorrear como nadie.

COMBATES DE POLLOS

APARENTEMENTE, un polluelo inspira dulzura y fragilidad. En realidad, es un pequeño «Rambo» sobre dos patas, que para imponerse en el corral tiene que transformarse en un agresivo soldado.

A partir de las tres semanas de existencia comienza el duro

EL INGENIOSO ZARAPITO

EN el mundo animal existen numerosos casos de ingenio y astucia. El zarapito se alimenta de mejillones y otros moluscos bivalvos. Está provisto de un pico afilado que usa como un escalpelo, con el que consigue alcanzar el contenido carnoso de los moluscos; es capaz de abrir la concha bivalva pinchando sobre la fisura o metiendo el pico entre las dos valvas.

La mayoría de los machos producen un trino o silbido nupcial durante su ruidoso cortejo, que acompañan con rápidos y rítmicos movimientos de las alas, para a continuación alzar el vuelo, al mismo tiempo que emiten un canto entrecortado.

combate. Basta que haya otro pollo pendenciero para que se entable una lucha a picotazos, en la que resulta vencido el primero que se aleja. Cuatro semanas después, más fuertes y decididos, intentan reafirmar su posición. De nuevo, cualquier pequeñez es buena excusa para iniciar la pelea. Una batalla entre dos de ellos puede desembocar en una pelea generalizada. Las luchas más encarnizadas se libran entre los machos que han resultado varias veces victoriosos y que aspiran a los puestos de honor. Pero estos combates no están exentos de nobleza; nunca se lanzarán dos individuos contra el mismo adversario. Cuando cesan las hostilidades, los combatientes se encuentran extenuados. Los tres días siguientes los triunfadores los pasan atormentando a los más débiles. La paz ya está restablecida, cada uno ha encontrado el sitio que le corresponde en el gallinero.

Sin embargo, no basta ser fuerte para ganar. A menudo, el más astuto y tenaz suele resultar vencedor, pues hasta el favorito puede distraerse con una lombriz de tierra y perder el combate.

A veces, las gallinas adultas separan a los contrincantes. Para ello, cacarean ruidosamente, con lo que suelen dar injustamente la victoria a los más débiles. En consecuencia, vuelve a perturbarse la jerarquía social del gallinero.

LOS PECES MUSICALES

EN 1986, Marc Ferguson, un investigador americano, creó una sinfonía registrando las ondas magnéticas emitidas por los peces. Una experiencia que consiste, en primer lugar, en sumergir, dentro de la pecera que contiene a estos peces, un electrodo conectado a un amplificador y un altavoz. Aquel día, Marc Ferguson se quedó estupefacto: en lugar de crujidos y chirridos, escuchó una verdadera melodía. Localizó entonces a los peces mejor dotados, entre aquellos que poseían un campo eléctrico, para formar una orquesta. Con ellos grabó una curiosa armonía electroacuática que dejó asombrado al público de San Diego. Unos meses más tarde se vendían varios miles de ejemplares de este disco.

EL PULPO TRAGÓN

Al pulpo le encanta darse grandes comilonas de marisco. Para abrir las conchas utiliza a menudo sus ocho tentáculos. Tras fijarse con cuatro de ellos, se sirve de los demás para abrir una gran concha que haya caído entre las rocas. Una vez entreabierta, desliza una pequeña piedra en el intersticio para impedir que se vuelva a cerrar. Unas cuantas cuñas más y el marisco estará definitivamente abierto y listo para comer.

Otra muestra del ingenio del pulpo: se hace el sordo para escapar de sus enemigos, entre ellos el cachalote y el delfín. Para paralizar a sus presas, estos últimos emiten fuertes gritos. El pulpo se tapa los oídos y, como posee una vista excepcional, puede descubrir a su enemigo y darle esquinazo disimuladamente.

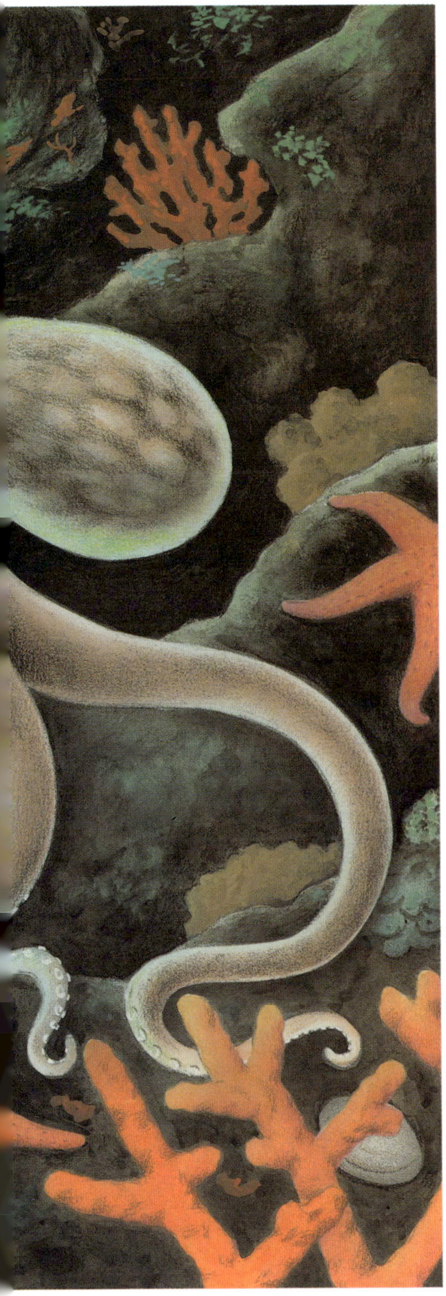

LA VELOCIDAD DEL PEZ VOLADOR

DE un solo coletazo de su aleta caudal, el pez volador, también llamado exoceto, emerge del agua. Despliega después sus aletas pectorales, y en unos tres segundos, a 2 o 3 metros sobre la superficie del agua, es capaz de recorrer una distancia de 50 metros. El vuelo lo emprenden sobre todo para escapar de sus enemigos o asustados por la cercanía de un barco.

En el agua, puede alcanzar una velocidad de 56 kilómetros por hora, lo que le permite efectuar largos desplazamientos. El pez volador realiza sus puestas sobre algas, por ejemplo, en el mar de los Sargazos. Los huevos se unen entre sí por unos filamentos largos y viscosos que le ayudan a flotar, formando unos amasijos apelotonados que suelen alcanzar el tamaño de un balón.

Para huir de un enemigo, los pulpos expulsan la tinta producida por una bolsa, la bolsa de la tinta. Expelen dicha tinta muy bruscamente a través del embudo, lo que les camufla y luego, palideciendo con igual velocidad, huyen dejando a su adversario desorientado. La tinta de los pulpos puede ser tóxica para las anguilas e incluso para otros pulpos.

EL SALMÓN REMONTA LOS RÍOS

EL salmón nace en las aguas dulces de los torrentes, en hoyos donde la madre puso los huevos. Aquí vive cerca de dos años, después desciende hacia el mar; su organismo se adapta rápidamente al agua salada. Después de algunos años, cuando le llega la hora de reproducirse, su instinto le reclama al lugar en donde transcurrió su período juvenil: sólo allí pondrá los huevos. Por esto, desde el mar, penetra en la desembocadura de los ríos y asciende por el río, nadando con todas su fuerzas contra la corriente y teniendo que salvar las cascadas que se le presentan en el camino. Una vez cumplido el objetivo de su viaje, los adultos, ya muy débiles, se dejan arrastrar corriente abajo, siendo pocos los que sobreviven al viaje de regreso al mar.

En el río Amazonas existe un pez más temible que la piraña: el candiru, también llamado canero. Minúsculo y filiforme, es invisible a simple vista. Al menor rastro de urea, se lanza sobre su presa y penetra en la uretra o en el ano. La víctima sufre horriblemente y muere si no es operada antes de cinco horas.

¿LAS PIRAÑAS ATACAN?

LAS pirañas son pequeños peces carnívoros que viven en los ríos tropicales de Sudamérica, principalmente en el Amazonas, capaces de devorar a un hombre en unos pocos segundos, dejando el esqueleto completamente limpio. Los indios no parecen temerlas, ya que se bañan en el río sin apenas prestarles atención. La razón de esta «valentía» es que sólo existe peligro en caso de que se produzca una herida. Entonces, la menor gota de sangre provoca un súbito ataque en bandada. A pesar de ello, no es infrecuente encontrar nativos a los que las pirañas han arrancado un dedo de la mano o del pie. Bastan veinte segundos para que uno de estos peces arranque 200 gramos de carne de su víctima. Gracias a esta voracidad, el río Amazonas es uno de los más limpios del mundo: allí no existen cuerpos en descomposición.

La piraña común es una de las más habituales en los acuarios públicos. Se trata ciertamente de un pez carnívoro, pero su dieta suele estar compuesta de peces pequeños, y sólo de forma accidental se alimenta de algún desafortunado animal de gran tamaño.

EL CALAMBRE DEL TORPEDO

EL torpedo es un pez muy semejante a la manta marina y a la raya de aguas tropicales y templadas, cuyo cuerpo está bien diferenciado en disco y cola. Posee una boca arqueada y con dientes puntiagudos. Vive en los mares tropicales y templados, sobre fondos arenosos y fangosos, en los que muchas veces permanece escondido alimentándose de animales bentónicos.

Pero su principal característica la constituyen dos órganos eléctricos en forma de riñón, situados entre las aletas pectorales y el cráneo. Se les llama vulgarmente «rembladeras» y «tremielgas».

Si se coge un torpedo con una mano en cada aleta pectoral se puede recibir una descarga mortal, lo que constituye para este animal un excelente sistema de defensa.

Algunos peces han desarrollado tales propiedades eléctricas que su descarga es lo suficientemente fuerte como para ayudarles a capturar su alimento o alejar a los enemigos. Se ha visto cómo las anguilas y los torpedos aturden a los peces antes de devorarlos.

La anguila eléctrica de América del Sur puede producir más de 500 voltios de una vez, suficiente para hacer perder el conocimiento a una persona que tropiece con ella al vadear un río.

EL CANGREJO ERMITAÑO

EL cangrejo ermitaño es un crustáceo que vive en las conchas de los moluscos. Tras la muerte del propietario, el cangrejo toma posesión de ella y la convierte en su casa. Sus conchas preferidas son las de murex y bocinas, y para introducirse en ellas debe efectuar verdaderas contorsiones propias de un gimnasta, a pesar de lo cual siempre sobresale alguna de sus pinzas.

A medida que crece, el cangrejo ermitaño cambia de vivienda, escogiendo conchas más grandes, sobre las que se fijan las anémonas de mar. De esta forma, entre el cangrejo y la anémona se establece una relación de mutuo beneficio: la anémona se desplaza fácilmente, alimentándose de los desechos del cangrejo y éste a su vez se beneficia de la anémona, que lo defiende de posibles enemigos gracias a sus tentáculos urticantes.

EL PEZ GATO IMITA AL CUCO

EN 1986, unos científicos japoneses descubrieron en el continente africano un pez gato con un comportamiento cercano al del cuco. Es bien conocido que la hembra de este último hace su puesta en el nido de otros pájaros. Una vez salido del cascarón, el bebé cuco tira al vacío los huevos o crías del verdadero propietario.

Es en el lago Tanganika donde estos científicos han descubierto un pez con unos hábitos casi idénticos. La hembra pone sus huevos entre los de otros peces, de forma que eclosionen antes que los demás. De este modo, una vez que nacen los pequeños peces gato, éstos sólo tienen que alimentarse de los otros huevos.

La mayoría de los peces-gato viven en cavidades oscuras. Al no haber luz donde viven son ciegos, aunque esto queda compensado por los órganos especializados sensibles al tacto, las barbas tentaculares, que muchos de ellos han desarrollado.

La dorada se nutre principalmente de moluscos, cuya concha rompe gracias a su potente dentadura. Su voracidad ocasiona graves perjuicios en los viveros de ostras y otros bivalvos.

VORAZ COMO LA DORADA

EL nombre de dorada hace alusión a su coloración y principalmente a la mancha dorada que este pez presenta en la cabeza .

Son peces que se agrupan en dos categorías: herbívoros y carnívoros. Estos últimos son conocidos por su tremenda voracidad. Rodean las barcas que faenan y esperan pacientemente a que el cocinero de a bordo eche las sobras de la comida al agua para abalanzarse sobre elllas y devorarlas. Este pez devora todo lo que encuentra, incluso clavos y cuchillas de afeitar.

Puede medir hasta ochenta centímetros de largo y se cría en el Mediterráneo y en el Atlántico oriental. Su carne, muy estimada, está considerada como un excelente manjar.

LOS CELOS DEL DELFÍN

EL delfín es un mamífero muy inteligente y también sumamente celoso. Generalmente, cada familia cuenta con un macho y cinco o seis hembras. La enorme pecera en que habiten deberá ser profunda, ya que el delfín es muy púdico y sólo corteja a sus compañeras cuando sabe que nadie lo observa.

Cuando nace la cría, una amiga de la madre ayuda a ésta a subirlo a la superficie para que se familiarice sin dolor con la respiración. Para alimentarlo la madre flota de costado para que el pequeño pueda mamar y respirar al mismo tiempo. La leche materna es muy nutritiva y el pequeño crece rápidamente.

A los delfines se les ve a menudo en grupos, acompañando a los barcos durante millas y jugando graciosamente delante de su proa. El gran delfín o delfín soplador se ha hecho famoso en los últimos años como estrella de los espectáculos de los delfinarios. Estos animales demuestran un notable grado de inteligencia y una constante necesidad de actividad y de nuevas experiencias.

Al nacer, la cría de la yubarta, más maciza y menos esbelta que otros ballenátidos, pesa dos toneladas y media y mide más de cuatro metros. La leche de la madre es tan rica y la toma en tales cantidades, que en una semana duplica su peso. El pequeño de la ballena azul toma 90 litros de leche diarios. Cada veinticuatro horas crece cuatro centímetros, es decir, engorda cuatro kilos por hora.

EL SURTIDOR DE LA BALLENA

LAS ballenas respiran por pulmones, como los demás mamíferos, y aunque son capaces de mantenerse un tiempo considerable bajo el agua, tienen que salir finalmente a la superficie para renovar de aire los pulmones y expulsar el ya utilizado. Esto último lo hace expulsando con fuerza un chorro de aire por los orificios nasales que se abren en la parte superior de la cabeza y que, al salir caliente de los pulmones, se condensa en el aire y forma una especie de surtidor de agua.

Cada especie de cetáceo tiene su propio tipo de chorro y puede ser identificado a distancia precisamente por la forma del mismo.